JN439291

지구를 누비는 남자

지구를 누비는 남자

벽송 **김 정 길** 제2수필집

수필과비평사

■ 책머리에

무소유의 철학을 가슴에 새기며……

세월이 가면 싫든 좋든 연륜이란 무게가 쌓이게 마련입니다. 그런데 평생을 원고지를 벗삼아 살아가는데도 날이 갈수록 연륜은커녕 글 쓰는 일이 더욱 어렵게만 느껴집니다.

"사랑받는 크기를 늘리려면 사랑을 알아보는 지혜가 필요한 것처럼, 사랑하려면 메마른 가슴을 적시기 위해 바보 같은 연애편지를 끊임없이 써야 한다."라는 이외수 작가의 말이 가슴에 절절히 와 닿습니다.

저도 이제부터는 남의 사랑을 받기보다 이웃에게 사랑을 나누어 주고, 행복과 웃음을 배달하는 글을 써야겠다고 다짐해 봅니다.

선배문인들은 수상욕심, 감투욕심, 발표욕심, 이 세 가지를 항상 경계하라 했습니다. 또한 법정스님은 하루에 한 가지씩 버리면서 아무것도 갖지 않을 때 비로소 온 세상을 갖게 된다고 하였습니다. 그것이 바로 무소유의 철학인가 봅니다.

저도 이제 많은 것에 욕심내지 않고 무소유의 철학을 가슴에 새기며 사람냄새와 흙냄새가 묻어나는 글을 쓰려고 합니다.

2005년 발간한 처녀수필집 『어머니의 가슴앓이』에 이어 이번에 두 번째 수필집인 『지구를 누비는 남자』는 전북의 기업인, 산벗, 글벗, 직장동료, 친구들과 함께 세계 30여 나라를 누비며 발품 팔아 쓴 기행수필로 엮었습니다.

은혼식이후로는 사랑하는 아내와 함께 국내외 나들이를 하면서, 세상을 새로운 눈으로 바라보는 삶의 묘미를 만끽하고 있습니다.

이제 무엇을 더 바라겠습니까. 글벗과 묵향에 취하고, 산벗과 대자연에 취하고, 술벗과 사람냄새에 취하고, 사랑하는 가족과 사랑에 취해서 보람된 제2인생의 텃밭을 가꾸렵니다.

그리고 건강을 물려주신 부모님과 아내의 내조에 감사하며, 건강이 허락하는 한 제 튼실한 '11호 자가용'으로 지구촌 누비기를 멈추지 않을 것입니다.

2008년 7월 전주 효자동 벽송당에서

碧松 김 정 길

■ 목차

묶음 3-중국 베이징, 상하이, 항주, 황산

묶음 4-동남아시아 6개국

묶음 5-이데올로기를 벗은 러시아

묶음-6 고구려 발자취

묶음 1 – 마음꽃

11호 자가용

(행촌수필 2007년 가을호, 전주중앙안과 사보 2008. 5)

아내는 우리 가족들의 튼실한 두 다리를 승용차에 비유해 11호 자가용이라고 부른다. 우리 부부와 두 아들까지 합하면 11호 자가용이 4대고, 장롱 운전면허도 4개나 돼 마음이 항상 부자라고 한다. 어쩌면 우리 가족에게 운전면허를 취득하도록 권장해 놓고, 건강하려면 걸어다녀야 한다며 승용차를 구입하지 않는 나를 은근슬쩍 꼬집는 말인지도 모른다. 두 아들은 한술 더 떠서 승용차가 없는 우리 집을 천연기념물로 지정해야 한다고 목청을 높이곤 한다.

나의 11호 자가용은 한국전쟁이 한창이던 여름에 고고성을 울리며 태어났다. 어머니는 배고파 칭얼대는 나에게 빈 젖가슴을 물리

기 일쑤였고, 빨치산에게 들킬까 봐 삼복더위에도 포대기에 꼭꼭 싸서 피난을 다니셨다고 한다. 굶주림과 산고로 혼자 몸도 건사하기 힘드셨을 텐데 피난살이와 자식양육에 애쓰신 어머니를 생각하면 지금도 가슴이 아린다.

육남매의 무녀리에 먹는 것이 부실했던 나는 자연히 성장이 더디고 키가 작을 수밖에 없었다. 다행히 나의 11호 자가용만큼은 건강하여 지금도 주행거리가 엄청나 타의 추종을 불허한다. 백두산, 금강산, 한라산 등 전국의 산줄기와 강줄기까지 거의 나의 발길이 닿지 않은 곳이 없을 정도이며, 그것도 부족해서 해외의 문화유적답사도 마다하지 않는다. 주차걱정은 물론 음주단속도 걱정할 필요가 없고, 천정부지로 치솟는 연료비에도 끄떡없다. 그러니 요즘같은 세상에 튼실한 나의 11호 자가용을 만들어 주신 부모님께 새삼 감사드리고, 그 자가용을 잘 관리해준 아내의 내조에 고마워할 밖에.

신혼 때는 아내의 11호 자가용이 더 튼실했었다. 그런데 요즘은 산후조리를 잘못한 탓으로 허리디스크가 날이 갈수록 심해져 안타깝다. 그래서 며느리에게는 산후조리를 잘 시켜주겠다고 굳게 다짐하고 있는 터이다. 그런데 주 5일근무가 시작된 뒤부터는 내 11호 자가용은 운행 횟수가 많아지고 더욱 신바람을 내고 있다. 아내가 마련해준 도시락과 산행 참가비만 있으면 전국 어느 산이든지 달려갈 수 있으니, 아내의 아픈 허리만 아니라면 이 얼마나 행복한가.

천정부지로 치솟는 기름 값 때문에 가정경제 사정이 어려워도 승용차가 없으면 천연기념물 취급을 받는 세상이 됐다. 꼭 그래서는 아니지만 드디어 우리 집도 그 변화의 물결을 피해갈 수 없었다. 지난해부터 대학교와 학원에 강의를 나가는 큰아들과 시골에 계신 부모님을 자주 찾아뵙는 아내의 성화에 못 이겨 승용차를 구입한 것이다. 때를 기다렸다는 듯이 올해 대기업에 취업한 작은아들도 승용차를 사야겠다고 배수진을 치고 나왔다. 그러니 큰아들에게 승용차를 빼앗겼다며, 우리 부부 몫으로 다시 승용차를 구입했으면 하는 아내의 바람을 언제까지 모르쇠할 수 있을지 모르겠다.

이제 더 이상 우리 가족은 두 아들이 주장하던 천연기념물이 아닌 것 같다. 아무래도 문화재청에 우리 가족의 11호 자가용에 대한 천연기념물 지정을 해제해 달라고 요청해야 할 때가 온 성싶다.

그래도 내 11호 자가용만은 건강이 허락하는 한 세상 누비기를 멈추지 않으련다.

(2007. 10. 28)

지나온 40년 다가올 20년

(전북수필 2008 상반기)

우리나라는 그동안 세계에서 유래가 없을 정도로 경제성장의 가도를 숨 가쁘게 달려왔다. 때마침 통계청에서 발표한 지나온 40년의 우리나라의 여러 가지 통계와 20년 후인 2030년의 유비쿼터스 시대 우리 사회의 이모저모를 예견한 전문가들의 전망 보고서가 나와 그것을 토대로 과거와 미래의 내 위치를 더듬어 보았다.

나의 소년시절인 1967년 무렵은 우리나라 도시근로자의 월 소득이 1만 8천 원으로 입에 풀칠하기조차 급급했던 시기였다. 평균수명은 60세로 회갑을 넘기는 게 무척 힘들었다.

청년시절인 1987년 무렵은 새마을운동과 경제개발에 힘입은 경제부흥기로 도시근로자 월 소득도 55만 3천 원으로 껑충 뛰었고, 눈부신 경제발전을 이뤘다. 평균수명도 70세로 늘어 칠순잔치 대신 외국여행을 가는 게 유행이었다.

대학원과 대학을 졸업한 두 아들의 결혼을 걱정해야 하는 나의 장년기인 2007년은 도시근로자 월 소득이 345만 원으로 증가했지만, IMF 후유증과 고유가, 집값 상승, 소비자물가 상승, 자녀교육비와 생활비 증가 등으로 서민들의 허리가 휠 지경이다. 평균수명도 78세로 늘어 노령화시대가 도래함에 따라 정부에서는 사회복지에 총력을 기울여야 하고 우리 부부도 장수하시는 부모님의 봉양과 건강을 위해 노심초사해야 한다.

다가올 2030년은 21세기 초에 태어난 아이들이 한창 왕성하게 사회활동을 하고, 60년대에 태어나 1980년 신군부하에서 민주화투쟁의 대학시절을 보낸 386세대는 사회에서 퇴진하는 시기다. 1980년 초에 태어난 내 두 아들은 50대 초반으로 우리 부부가 그랬던 것처럼 자녀들의 대학진학, 취업, 결혼문제로 고민할 시점이다.

한국전쟁 때 태어나 배고픔과 가난의 설움을 겪은 우리 부부가 맞는 2030년은 팔십을 바라보는 나이로 이시형 박사의 축구론에 비유하면 인생의 전반전을 지나 후반전을 맞게 된다.

일제수탈과 한국전쟁의 참상을 몸소 체험하며 육남매를 양육하느라 애쓰신 부모님이 맞게 될 2030년은 백수白壽를 목전에 두고 인생의 연장전을 준비하게 될 때다.

또한 우리 사회가 맞게 될 2030년은 나노테크놀로지가 비약적으로 발전한 IT기술과 만나면서 나를 둘러싼 모든 사물에 인공지능 컴퓨터가 장착된 유비쿼터스시대가 열릴 것이다. 그리고 맞춤의학시대가 될 2030년은 내 몸에 맞는 치료를 받을 수 있게 돼 지금은 감기에 걸리면 약국에 가서 기성품 약을 사 먹어야 되지만 미래에는 유전자검사를 통해 내 몸에 적절한 치료방법과 가장 효과적인 약을 조제해 먹는 시대가 될 것이다.

아울러 원한다면 누구나 모래알만 한 컴퓨터를 곳곳에 숨겨서 24시간 감시할 수 있고 막강한 기술력을 사용해서 중요한 정보들이 담긴 서버를 해킹할 수도 있다. 유비쿼터스 때문에 윤리관이나 도덕관, 종교관이 요동칠 가능성도 다분하다. 핵심적인 우려는 유비쿼터스가 모든 정보의 비밀을 사라지게 만든다는 점이다.

그러나 2030년에 우리 사회가 당면할 가장 심각한 문제는 아무래도 고령화 사회가 아닐까 싶다. 현재 78세의 평균수명이 100세를 육박하는 장수시대로 진입하는 반면, 조기퇴직으로 인한 사회활동수명이 짧아져 인생의 후반전을 짊어질 실버테크가 가장 각광을 받는 산업으로 성장할 것으로 보인다.

게다가 개인의 유전자 규명을 통한 질병치료와 예방까지 가능하게 된다면 진시황제가 갈망했던 불로초의 등장으로 영원한 불사조의 꿈이 현실로 나타나게 될 것 같다.

아무튼 유비쿼터스시대와 고령화시대가 함께 개막되는 2030년의 우리 부부는 육남매를 잘 길러주신 부모님과 장인 장모님의 모습을

※ 유비쿼터스(Ubiquitous) : 라틴어로 보편적으로 존재한다라는 뜻. 미국 제록스 팰로앨토 연구소의 마크와이저 소장이 1998년 이 용어를 처음 사용했으며, 유비쿼터스 컴퓨팅을 메인프레임과 PC에 이어 제3의 정보혁명 물결을 이끌 것이라고 주장했다.

닮고 싶다. 또 우리 두 아들도 재물축재보다 우리 부부처럼 명예를 존중하고 사회에 봉사하면서 건전한 가정을 꾸렸으면 좋겠다.

(2007. 10. 1)

노무현, 그 행복 전도사

(행촌수필 2008년 봄호)

대한민국의 성공한 대통령과 실패한 대통령은 과연 누구 누구일까.

아무리 곱씹어 생각해 봐도 전직 대통령들은 불명예스럽게 도중하차했거나 본인 또는 가족들이 철창 신세를 면치 못했다. 그런데 일부 언론과 국민들이 무조건 잘못했다고 질타했던 노무현 전 대통령 부부는 고향으로 돌아가서 우리 국민들에게 신선한 충격과 기쁨을 주고 있다. 전형적인 농부의 모습으로 변한 전직 대통령을 만나는 사람마다 모두가 웃으며 박수와 환호성을 보낸다. 이게 바로 서민들이 느끼는 행복한 세상이 아닐까.

천년가야의 전설을 간직한 봉화산 자락의 경남 김해시 진영읍 봉

노무현 전 대통령 명함.

하마을에서는 날마다 웃음꽃이 만발하고 행복의 축제가 벌어지고 있다. 고향으로 돌아온 노무현 전 대통령을 만나려고 평일엔 3천여 명, 주말엔 1만여 명의 관광객들이 이곳으로 몰려들기 때문이다.

지난 4월, 문우들과 더불어 봉하마을에 갔었다. 노무현 전임 대통령의 귀향을 환영하는 수많은 현수막이 골목골목에 즐비하게 나붙어 있고 수많은 인파로 붐벼 봉하마을은 별천지가 되어 있었다. 청와대에서 나온 지 두 달. 그 사이에 벌써 25만여 명이 다녀갔단다. 추측건대 앞으로 찾아오는 이들은 갈수록 더 불어날 것이라고 한다. 민심은 천심이라더니 우리 국민들은 노무현 전 대통령을 그렇게 사랑했던 것 같다.

게다가 반경 4km 내에서 노무현·권양숙 내외를 비롯하여 김영삼 전 대통령의 부인 손명순 여사 등 걸출한 인물을 배출한 봉화산은 전국 최고의 명당 자리로 추앙받고 있다. 봉화산은 해발 140m의 낮은 산이지만, 기암절벽과 울창한 숲, 마애불상과 약수, 벌판에 솟구쳐 올라 사방이 탁 트인 조망 등 수려한 자연경관으로서 명당의 조건을 완벽하게 갖춘 산세였다.

더욱 재미있는 것은, 노무현 전 대통령이 점퍼 차림으로 동네 가게에서 담배 한 대를 입에 물고 비스듬히 앉아 있는 모습과 발가락 양말에 슬리퍼를 신고 방문객을 맞이하는 모습을 본 네티즌들이 멋쟁이 노무현이라는 의미로 붙여준 '노간지'라는 별명이다. 또 손녀를 태운 수레를 매단 자전거를 타거나 오토바이를 운전하는 전형적인 농부의 모습을 보고 '노 기사'라는 애칭도 선물했다.

"대통령님! 나와 주세요!"

관광객들이 입을 모아 한참 동안 합창하자 사저의 대문이 스르르 열리며 카우보이 모자를 쓴 노무현 전 대통령이 만남의 광장에 모습을 드러냈다. 모두 환호성을 내지르며 박수로 맞았다. 관광객들이 왜 혼자 나왔느냐고 묻자, 여성들이 자꾸 자기 팔짱을 끼니까 권양숙 여사가 토라졌다며 웃었다.

관광객들이 나오라고 외치면 밥을 먹다가도, 차를 마시다가도, 책을 읽다가도 뛰쳐나와서 대화를 나누고 사진을 찍으며 악수를 하다 보니 입술이 부르트고 몸살까지 앓았다고 한다. 우리들과도 악수도 하고, 사진도 찍었으면 좋겠는데 서로 뒤엉켜서 사고가 날까 봐 자제하는 심정을 양해해 달라고 했다.

그동안 일부 언론과 국민들은 김대중, 노무현 정부의 집권 10년을 '잃어버린 10년'이라 부르며 노무현 대통령을 가장 인기 없고 무능한 대통령으로 몰아세웠다. 그리고 어려운 경제를 살려달라는 간절한 심정에서 이명박 대통령을 선출했다. '묻지 마 투표'나 다를 바 없었다. 그런데 취임 두 달도 채 안 돼서 여기저기서 우려의 목소리가 들려오고 있다. 장관과 청와대 수석비서관 등 대통령 측근들은 돈이 너무 많아서 가난한 사람들의 고통을 모르고, 취업난에, 천정부지로 치솟는 물가 때문에 가정경제는 깊은 주름살이 지며, 대운하건설 등등 서민들의 가슴만 숯검정처럼 타 들어가기 때문이다.

조선왕조를 대기업 CEO에 비유한 『성공한 왕 실패한 왕』의 저자 신봉승은 예부터 성공한 왕은 국가경영에 기업경영 마인드를 도입했다고 분석했다. 예컨대 치밀한 국가경영술과 정보 분석에 능통한 태종, 수평적 경영마인드로 태평성대를 이룩한 세종, 견제와 균형의 지배원리를 실행한 성종, 이상국가 실현을 꾀한 인재발탁의 귀재 선조, 지혜롭게 유능한 참모를 활용한 정조 등이 바로 성공한 왕의 범주에 속한다.

반면 실패한 왕들은 임금뿐만 아니라 보좌진까지 국가경영의 핵심이념에 대한 실천의지가 없고 오히려 정반대되는 눈앞의 실리와 정쟁에만 매달렸다고 평가했다. 뒤틀린 야망과 탐욕으로 얼룩진 국정난맥을 자초한 세조, 우유부단한 지도력과 실패한 개혁의지의 중종, 패덕의 이름을 남긴 광해군, 적장에게 머리 숙인 인조, 망국의 한을 짊어진 불행한 고종 등이 실패한 왕에 해당된다.

노무현 정권 5년 동안의 성적표를 대기업 CEO에 비유해 보면, 무역흑자 최대달성, 복지정책과 과거사 정리, 성과 위주의 정책 탈피 등 비교적 좋은 평가를 받았다. 반면 내수경제의 어려움과 교육

정책의 실패, 언론사와의 지지부진한 싸움에서 이미지를 손상한 점 등은 잘못된 정책인 성싶다.

하지만 학벌도 없고 재산도 넉넉지 않았지만 변호사와 국회의원을 거쳐 대통령까지 당선되어 원칙과 소신, 신의로 국정을 이끌었던 점은 귀감으로 삼아야 할 대목이다. 아무튼 노무현 전 대통령은 부정과 비리로부터 자유로웠다. 한마디로 깨끗한 대통령이었다. 그런 대통령을 가졌다는 게 얼마나 기쁜 일인가. 게다가 퇴임 후엔 역대 대통령과 달리, 불의에 대쪽같이 맞섰던 조상들의 선비정신을 본받아 몸소 낙향하여 서민들에게 웃음과 행복을 선물하는 행복전도사로 변모했다.

조선왕조 시대엔 벼슬에서 물러나면 으레 고향으로 돌아가는 게 관례였다. 그런데 지금은 거꾸로 시골에서 시장이나 군수만 지내도 자리에서 물러나면 서울로 가는 세상이 아니던가. 그런데 대통령을 지낸 분이 고향으로 돌아오다니 얼마나 아름다운 귀향인가. 대통령문화를 새로이 만들었고 또 전임대통령문화를 만들어가는 노무현 전 대통령을 역사가들은 크게 주목해야 할 것이다.

부디 신임 대통령도 전임 대통령과 조선왕조 성공한 왕들의 통치철학을 벤치마킹해서 국가경영을 잘하는 CEO, 민초들에게 행복을 배달해주는 성공한 대통령으로 거듭나기를 바란다.

(2008. 4. 30)

마음꽃

(수필과비평 2008년 5월호)

"장미꽃 감상도 좋지만 그 나무를 심고 가꾸는 사람들에게 감사하세요."

빨간 장미가 흐드러지게 피던 오월의 어느 이른 아침에 전주 서신공원에서 쓰레기를 줍던 할머니가, 해맑게 웃으며 장미꽃을 따서 장난치는 여고생들에게 하신 말씀이다. 잘못을 꾸중보다 사랑으로 감싸 안는 그분에게서 장미꽃보다 더 아름다운 마음꽃을 발견했다.

새벽마다 아내와 그 장미꽃길을 산책하면서 그저 곱다고 감탄만 했을 뿐, 그 꽃을 가꾸는 사람들에게 한 번도 고마움을 느껴본 적이 없었다. 그런데 할머니는 불편한 몸을 이끌면서도 무에 그리 즐거

산자고(꽃말 : 봄처녀) : 사진 취월당 김환기

운지 콧노래를 흥얼거리며 쓰레기를 줍고 장미꽃을 가꾸는 사람들의 마음까지 헤아리셨다.

인간은 잘 먹고 재물이 많고 육신이 멀쩡해야만 행복한 게 아닌가 보다. 좋은 생각을 갖고 남을 위해 봉사하는 근면한 생활습관도 행복의 열쇠라는 것을 할머니로부터 배웠다. 행복은 감사에서 나오고, 불행은 비교에서 나온다는 말을 증명하듯 영국 심리학자 로스웰과 런던 대학에서 조사한 세계 행복지수는 선진국민이 아닌 가난한 나라 방글라데시 국민이 단연 1위였다.

인간은 사물을 대할 때 대부분 내면보다 외면만 보고 평가하거나 미화시키게 마련이다. 나이팅게일이 흰 장미에 매혹되어 끌어안다가 가시에 찔려 죽어 붉은 장미가 태어났다는 페르시아의 애절한 전설과 큐피트가 장미꽃에 키스를 하려다 벌에게 입술을 쏘이자 그 어머니가 벌의 침을 장미줄기에 붙였다는 전설 등이 그렇다. 인간들이 아름다움에 반해 자기를 꺾지 못하게 할 방어수단으로 가시를 품게 된 것이 정설인데도 말이다.

오백 년 간 인류를 사로잡아온 다빈치의 불멸의 작품 「모나리자의 미소」는 눈썹이 없는 미완성이기에 더욱 아름답고, 장미는 여인의 질투처럼 가시가 있어 매혹적이다. 욕망과 절정을 상징하는 빨간 장미, 순결과 존경을 담은 흰 장미, 맹세와 행복한 사랑의 의미를 가진 핑크장미, 질투와 이별의 마음을 가진 노란 장미 등은 저마다 꽃말을 자랑하려 애쓴다.

담장과 공원 등에 흐드러지게 핀 빨간 장미에게서는 만고풍상을 온몸으로 삭이며 살아온 조상들의 숨결이 느껴지고, 유리온실에서 자란 형형색색의 화려한 장미는 자립심이 없는 마마보이 같다. 또 여름에서 초겨울까지 시시때때로 피는 장미는 철없는 어른들을 보는 것 같다.

예부터 동양에서는 장미를 관상용으로 재배한 것과 달리 서양에서는 주로 향수용, 의약용, 장식용으로 상업화하여 지배해 왔다. 그런데 요즘은 동서양을 가리지 않고 온실에서 상업용으로 길러진 형형색색의 장미들이 계절에 관계없이 대단위로 재배되어 수출하거나 각종 행사장으로 내몰리며 몸살을 앓는 것을 보면 연민의 정이 느껴진다.

아무튼 5월의 장미는 때로는 화려하고 때로는 강렬한 눈빛과 핑크빛 유혹으로 비밀스런 고백을 내던지며 뭇사람의 마음을 사로잡는다. 그리고 해맑은 소녀와 수줍은 새색시처럼 다가왔다가 때로는 매혹적인 여인처럼 향기를 내뿜으며 다른 꽃들을 무색케 한다. 그 붉은 색깔에 반하고 그 향기에 취해서 지내는 내 마음은 마냥 행복하다.

그러나 화무십일홍이라 했던가. 그 매혹적인 장미꽃도 유월이 오면 시들고 몰골이 흉해져서 한 편의 인생드라마를 보는 것 같다. 나는 또 유월이 가면 내년에 필 장미를 그리워하며 가슴앓이를 해야 할 것이다. 어쩌면 그 장미를 가꾸는 사람과 할머니의 가슴에 활짝 핀 마음꽃을 더 그리워하고 있는지도 모른다.

(2005. 7. 1)

그리운 사람에게 띄우는 엽서 한 장

(전북일보, 2007. 3. 16)

하나 둘 사라져가는 우리 토종 농산물의 미래와 자식들의 먹을거리를 걱정하시던 아버지의 주름진 얼굴이 불현듯 떠오릅니다. 비록 도시에 살지만 큰아들 마음속엔 아버지께서 가르쳐 주신 신토불이 정신의 농심農心이 똬리를 틀고 있답니다.

아버지는 항상 저희 육남매에게 재래종 밤송이를 사람에 비유했지요. 설익어서 벌어진 밤송이는 잘난 척하는 사람, 잘 익은 밤송이는 실속 있는 사람, 쭈글쭈글한 밤송이는 실속 없는 사람과 같다고 했지요. 또 밤송이에 알밤이 세 톨 들어 있으면 우애 있는 3형제, 두 톨은 다정한 오누이, 한 톨은 버릇없는 외아들 같다고 하셨습니다. 그리고 쪽밤은 동생들과 사이좋게 나누어 먹어야 쪽니가 나지 않는다고 하셨습니다. 곰곰이 생각해보니 우리 육남매의 우애를 암시하는 교훈이었습니다.

그런데 요즘 고향은 나날이 피폐해지고 재래종 밤나무가 있었던 곳엔 개량종 밤나무가 진을 치고, 수종 갱신이란 미명 아래 벌거벗은 산이 늘고 있더군요. 더욱 안타까운 것은 수입농산물 때문에 삶의 의욕을 잃은 농민들이 정든 고향을 등지거나, 농사지어야 타산이 맞지 않는다는 하소연을 들을 때마다 가위눌린 듯 가슴이 답답해져 옵니다.

타임머신을 타고 우리 토종 농산물이 풍부하고, 아버지 얼굴에 주름살이 없는 유년시절의 고향으로 되돌아가고 싶습니다.

그리운 사람에게 띄우는 엽서한장

아버지 얼굴에 주름살 없는 유년시절 고향으로 가고파

하나 둘 사라져가는 우리토종 농산물의 미래와 자식들의 먹을거리를 걱정 하시던 아버지의 주름진 얼굴이 불현듯 떠오릅니다. 비록 도시에 살지만 큰아들 마음속엔 아버지께서 가르쳐 주신 신토불이 정신의 농심이 뚜리를 틀고 있답니다.

아버지는 항상 저희 육남매에게 재래종 밤송이를 사람에 비유했지요. 설익어서 벌어진 밤송이는 잘난 척하는 사람, 잘 익은 밤송이는 실속 있는 사람, 쭈글쭈글한 밤송이는 실속 없는 사람과 같다고 했지요. 또 밤송이에 알밤이 세 톨 들어있으면 우애 있는 3형제, 두톨은 다정한 오누이, 한 톨은 버릇없는 외아들 같다고 하셨습니다. 그리고 쪽 밤은 동생들과 사이좋게 나누어 먹어야 쪽니가 나지 않는다고 하셨습니다. 곰곰이 생각해보니 우리 육 남매의 우애를 암시하는 교훈이었습니다.

그런데 요즘 고향은 나날이 피폐해지고 수입농산물 때문에 삶의 의욕을 잃은 농민들이 정든 고향을 등지거나, 농사지어야 타산이 맞지 않는다는 하소연을 들을 때마다 가위눌린 듯 가슴이 답답해져 옵니다.

타임머신을 타고 우리 토종농산물이 풍부하고 아버지 얼굴에 주름살이 없는 유년시절의 고향으로 되돌아가고 싶습니다.

김정길 ·수필가(전주상의 기획진흥실장)

배암고아, 비오그라, 그리고 비아그라

(임실문학 2008 상반기)

미국에서 발명된 파란색 약 한 알이 전세계를 흥분의 도가니로 몰아넣고 있다. 몸보신과 정력제라면 사족을 못 쓰는 한국인들에게는 가문에 단비 같은 소식이 아닐 수 없다. 그런데 전세계의 '고개 숙인' 남성들의 체면을 세워주고, 아침밥상까지 든든하게 받게 해주는 화제의 성부전 치료제 비아그라의 처방기술이 우리 고유의 명약에서 유래했다고 한다. 이러한 놀라운 사실은 조선시대의 독보적인 성의학 전문서로 알려진 『성기보감』이 국립박물관에서 발견됨으로써 세상에 알려지게 됐다.

『성기보감』은 조선시대 중기 비뇨기 분야의 민간처방을 집대성한 책으로 『동의보감』과 쌍벽을 이루는 저서였으나, 안타깝게 전란 중에 소실된 것으로 전해온다. 그 책은 부부관계가 부실할 경우에 가장 효과적인 처방책으로 태백산 깊은 계곡에서 겨울잠에 들어가기 직전의 백사를 잡아 69가지 약재와 함께 삼일간 탕을 달여 남자에게 복용토록 하였다.

그리곤 신비의 그 명약을 '배암고아'로 명명했다. 그런데 민간에서는 한 번 복용하면 7일 동안 '거시기'가 오그라들지 않는다고 해 속칭 '비非오그라'라 했으니 그것이 바로 비아그라의 효시였다. 배암고아는 평민들뿐만 아니라, 사대부 안방마님에게도 폭발적인 인기를 얻었고, 급기야 뱀 시세가 상평통보 200냥을 호가하여 뱀 사재기가 성행하였다고 한다. 또 한양 성내에는 가가호호 뱀을 달이는 약탕 냄새가 진동했다는 웃지 못할 이야기가 전해 온다.

이러한 신비의 처방은 급기야 궁궐 안까지 소문이 퍼지게 되어 『성기보감』의 저자 조시서는 약탕감에 책봉되는 벼락감투까지 쓰게 됐다. 그는 명약에 대한 처방기술을 더욱 개발하여 조선이 확고한 가부장사회를 이루는 데 크게 기여한 공로자였다. 마침내 우리 조상의 위대한 업적은 중국과 실크로드를 통해 전세계에 널리 퍼지게 되었고, 배암고아의 뛰어난 성능을 전해들은 서양인들이 배를 타고 조선에까지 쫓아오는 진풍경이 벌어졌다. 그러자 흥선대원군은 배암고아가 미개한 서양인들의 손에 넘어가 성도덕이 문란해지는 것을 막고자 강력한 쇄국정책을 폈다고 한다.

그러나 흥선대원군의 쇄국정책을 비웃기라도 하듯 미국 상선 제너럴셔먼호가 대동강을 타고 와서 배암고아를 팔 것을 요구하다 평양 주민과 충돌을 일으키고 말았다. 또 미국 군함이 강화도를 공격해 왔지만 조선의 수비대가 광성보와 갑곶에서 격퇴하였으니 그게 바로 신미양요였다. 그런데 조상들의 뛰어난 의학기술과 굳건한 의지로 지켜낸 민족의 명약 배암고아는 일제침략기의 어수선한 틈을 타 일본에 유출되고 말았다. 설상가상으로 배암고아의 비밀제조기술은 일본이 패망한 후 승전국인 미국에 또다시 전리품으로 빼앗기는 등 우여곡절을 겪었다.

결국 미국이 우리 조상의 배암고아 비법을 연구한 결과 일명 '칙칙이'라는 분무제를 개발하여 포르노 산업이 전세계를 주름잡는 데 크게 공헌하기에 이르렀다. 이러한 배암고아의 탁월한 효능에 감동한 나머지 미국 정부는 대대적인 투자와 연구개발 끝에 농축 알약을 만들어 떼돈을 벌어들였다. 국력의 쇠약함으로 인해 일본에게 국권과 우리 조상들의 의학 기술을 빼앗겨 버렸으니 국력의 소중함을 다시 한번 생각게 하는 대목이 아닐 수 없다.

아무튼 최초의 항생물질인 페니실린이 곰팡이에서 우연히 발견되었던 것처럼, 비아그라가 발기촉진제로 화려한 데뷔를 한 이면에는 그런 재미있는 일화가 있었던 것이다. 어쨌든 과학사상 심심찮게 일어나는 행운, 또는 뜻하지 않은 우연으로 발견되어 제조된 이러한 약제는 정력이 약한 남성들에겐 낭보가 아닐 수 없다.

약의 발견 과정에서도 우여곡절이 많았다고 한다. 세계적인 H제약에서 80년대 후반에 협심증 치료제를 개발하기 위해 '구연산실데나필'이란 시제품을 출시했는데, 정작 협심증 치료에는 효과가 없고 노년층 남성 상당수가 회춘현상을 일으키는 기현상이 벌어졌다.

또 비아그라의 부작용으로 두통이나 소화불량, 코막힘, 심지어는 심장마비로 사망까지 이르고, 일종의 시각장애 현상도 나타나고 있어 약에 대한 명암이 교차되고 있다.

그런데도 이러한 부작용을 무릅쓰고라도 회춘을 위해 기꺼이 비아그라를 택하는 사람이 기하급수로 늘고 짝퉁까지 판치는 세태가 되었으니 참으로 가관이 아닐 수 없다.

모악산 등산 후 선술집에서 거나하게 취한 술꾼들이 떠들어대던 우스개가 생각난다.

"자네, 비아그라를 우리말로 하면 뭔지 아나?"

"글쎄……."

"거시기가 잘 일어나라고 먹는 약이니 '인나그라'일세."

"그럼, 남자의 거시기와 코를 비유한 사자성어 네 가지를 아는가?"

"그거야 알지, 코도 크고 거시기도 크면 금상첨화錦上添花, 코는 작은데 거시기가 크면 천만다행千萬多幸, 코는 큰데 거시기가 작으면, 유명무실有名無實, 코도 작고 거시기도 작으면 설상가상雪上加霜일세."

아무튼 배암고아, 비오그라, 비아그라, 인나그라, 참으로 정력제 하나를 가지고 이름도 가지가지이고 사연도 많다. 특히 '비오그라'의 이름은 선인들의 심오한 재치가 번득인다.

(2007. 2. 22)

취업 단상

(임실문학 2008년 상반기)

청년실업이 사회문제로 비화되고 있는 가운데 남성 실업자는 백수, 여성 실업자는 백조로 묘사하는 신조어가 유행하고 있어 실소를 자아낸다. 청년실업자 중에서도 이십대 백수 실업률은 3년째 악화 일로를 걷는 반면 백조의 실업률은 점차 호전되는 것으로 나타나 희비가 엇갈린다. 남성은 군대문제와 취업준비 기간이 늘어나고, 여성의 일자리는 증가하기 때문이다. 급기야 대기업들은 신규사원 채용 때 남자를 우대하고 있다는 이유로 여성단체들로부터 남여고용차별이라는 항의를 받기에 이르렀다. 반면 남성들은 국방의무와 가족부양의무가 있고, 직장에서는 힘든 일을 도맡아서 해야 하므로 남성이 우대받는 게 당연하다고 반론을 제기하곤 한다. 그런가 하면 학교 일선에서는 대부분의 교원들이 여성으로 채워져 학부모와 학교마다 남성교사를 배정해 달라고 아우성을 치는 상황인데도, 관리직인 교장, 교감 등의 여성비율은 14%에 머물고 있는 실정이다.

요즘은 비정규직법 시행의 틈새를 비집고, 정규직도 아니고 계약직도 아닌 희한한 '중규직'이란 직종이 늘어나고 있다. 비정규직차별법이 오히려 정규직 내 차별을 확대하고 있으니 아이러니가 아닐 수 없다. 어느 사업체에서는 적게는 수십 명에서, 많게는 수백 명 단위로 비정규직 근로자들을 분리직군으로 편입시키거나 무기계약직으로 전환해 놓고 정규직화 했다고 잇따라 허울 좋은 발표를 하지만, 정작 근로자들에게는 상대적 박탈감이 만연해 있는 실정이다.

대부분 임금도 그전과 별로 차이가 없고 직군 사이 이동도 불가능하여 승진도 하급간부 이하로 원천 봉쇄돼 있다. 고용보장 이면에는 영구적인 차별이라는 함정이 도사리고 있다. 계약직 근로자들은 차라리 비정규직으로 남겠다고 하소연할 정도다.

공공기관의 사이비 정규직도 부지기수다. 올 10월부터 이십 년 넘게 일한 공공기관 소속의 7만여 명이 무기계약직으로 전환할 예정인데 처우는 기관에 따라 천차만별이라고 한다. 동일 업무에 종사하는 계약직이라도 지자체의 재정 형편에 따라 임금과 처우가 큰 차이를 보이고 있기 때문이다. 무기계약 전환 대상자 가운데 가장 규모가 많은 학교식당 종사자 3만여 명은 정년까지만 고용을 보장받게 된다고 한다. 이에 따라 임금은 경력과 무관하게 공무원 최하

위 직급인 기능직 10급 1호봉으로 고정될 수밖에 없다.

계약을 정하지 않고 고용계약을 맺는 점만 정규직과 같은 무기계약직급에 복리후생, 승진에서 비정규직과 큰 차이가 없다. 그들에겐 정규직은 먼 나라 이야기일 뿐이다.

비정규직법이 시행된 지난 7월1일, 정규직과 같은 일을 하며 2년 이상 근속한 계약직 사원을 무기계약직으로 바꾼 국내 굴지의 대형마트 등이 대표적인 사례다. 국내 은행들도 창구나 콜센터 업무를 하던 계약직을 개인금융서비스직군 등 3개 직군을 신설하여 편입시켰다. 무기 계약직과 다른 점은 고용보장 외에 정규직과 구별되는 직군을 별도로 만들어 차별적인 임금과 인사체계를 갖추었다는 점이다.

이를 두고 노동계에서는 반쪽짜리 정규직이라고 비난의 목소리를 높인다. 그럼에도 불구하고 많은 사업체들이 정규직이 아닌 중규직 전환 행렬에 합류할 것이라는 전문가들의 진단이 예사롭게 들리지 않는다. 이 때문에 고용불안에서 벗어난 유사정규직 근로자들의 노조활동이 더욱 막강해질 우려를 낳고 있다.

아무튼 청년실업과 함께 정규직과 비정규직 문제, 남녀 역차별 등 오늘날 한국사회의 취업전쟁의 미로는 끝이 없어 보인다.

(2007. 9. 10)

홍릉수목원

봄비가 촉촉이 대지를 적시는 홍릉수목원은 천의 얼굴로 손님을 맞았다. 양귀비과의 금낭화는 그 자태가 화려하고 이슬을 머금은 모습이 너무 아름답고 매혹적이었다. 순백의 아름다움을 자랑하던 벚나무는 하얀 꽃비를 대지에 뿌리고 열매 맺을 준비로 분주하였다. 섬보나무에 매달린 흰 꽃은 향기가 너무 짙어 숨이 막혀 질식할 것만 같았다. 햇병아리처럼 샛노란 꽃을 피웠던 개나리는 마치 깃털 빠진 수탉의 몰골을 하고 있어 화무십일홍이란 말을 실감케 했다.

사람이 다가가면 자동으로 제지 생산과정이 가동되고, 못 하나 박지 않고 나무 창문을 섬세하게 제작한 장인정신이 놀라웠다. 게

다가 창호지는 자동으로 온도가 조절되고 환기시키는 기능을 가졌으니 얼마나 과학적인가.

홍릉 수목원은 서울 청량리동에 있는 한국 최초의 수목원으로, 지금은 경기도 금곡으로 능을 옮겨갔지만 명성황후인 민비의 능이 있었다. 현재 식물 2035종, 야생동물 69종이 자라고 있는 동식물의 보고이며 주산은 천장산(141m)이다.

고대부터 현대까지 나무의 역사를 한눈에 볼 수 있도록 만든 전시관이 눈길을 잡았다. 지구환경 문제와 사막화의 인위적인 요인에는 과도한 경작. 방목과 남벌 등이 있고, 기후적인 요인으로는 지구기후변동과 인구의 도시집중 등이 주범이라는 해설이 가슴에 와 닿았다.

그 중 더욱 가슴 아픈 것은 일제시대에 수탈 임업으로 산림이 황폐화된 점이다. 특히 압록강과 두만강 유역의 남벌이 극심했고 한국전쟁을 거치면서 산림은 완전히 망가져 벌거숭이가 된 것이다.

수백 년 된 나무들의 나이테가 보이도록 전시해 놓은 점도 특이했다. 소나무 나이테가 가장 선명하고, 피나무 나이테가 가장 희미했다. 대부분의 나무 나이테는 중심부터 결이 이루어진 반면 낙엽송의 나이테는 한쪽으로 치우쳐서 불균형이었다.

울창한 잣나무와 소나무 숲에 들어서니 강렬한 송진 냄새가 진동했다. 바로 모든 식물들이 살아가기 위해 병원균에 대해 저항력을 갖추려고 내뿜는 피톤치드라는 물질 때문이었다. 우리 인간들은 그 피톤치드 덕택에 삼림욕을 즐기며 건강하게 살아가고 있으니 숲이 얼마나 고마운가. 3천 년 전 고대 이집트에서 시체를 썩지 않게 보관하기 위해 식물의 향료를 썼다는 기록은 옛 조상들의 지혜를 엿볼 수 있는 대목이다.

인간처럼 숲 속의 나무들도 제각각의 삶을 살고 있다는 느낌이 들었다. 하늘을 찌를 기세로 성장한 나무는 자기 인생을 잘 관리해 성공한 인생같이 느껴졌다. 반면 뿌리가 부실해서 쓰러진 나무는 사회에서 낙오된 사람, 뒤틀리고 굽은 나무는 건강관리를 잘못한 입원환자의 인생을 보는 것 같았다. 또 양지에서 자라는 나무는 몸통은 큰 반면 몸이 나약한 사람 같고, 북풍받이나 음지에서 자라는 나무는 몸통은 작았으나 몸은 튼튼하고 인내심이 강한 사람 같다는 느낌이 들었다.

홍릉수목원은 인간과 동식물들이 호흡을 함께하는 삶의 터전이었다.

(2006. 6. 20)

홍릉수목원

유 여사의 옹고집

유 여사의 걸쭉한 입담과 옹고집은 입원실 사람들이 혀를 내두를 정도였다. 그러나 '자식 이긴 부모 없다.'는 말을 실증이라도 하듯 유 여사의 옹고집도 외아들이 외고집을 피우면 슬며시 꼬리를 내렸다. 어릴 때 뇌를 다친 후유증으로 고생하는 금지옥엽 같은 외아들에 대한 연민의 정이 남다르기 때문이다. 그 모자는 평소 때는 닭살이 돋을 정도로 사이가 좋다가도 뜻이 맞지 않으면 서로 옹고집을 피우며 고성이 오가는 등 입원실이 한바탕 홍역을 치러야 끝이 났다. 그리곤 그녀의 과거사와 함께 신세타령이 시작된다.

그녀는 스무 살에 공무원인 남편과 결혼해서 슬하에 1남 3녀를 두고 알콩달콩 행복하게 살았다. 그런데 운명의 장난인지 그 외아들이 여섯 살 때 친구들과 모 교회에서 놀다가 고장 난 대형철문이 떨어지는 바람에 친구 한 명은 죽고 그의 아들은 왼쪽 뇌를 크게 다쳐 사경을 헤매는 큰 사고를 당했다. 그 뒤로 보상 한 푼 못 받은 채 병원을 제집 드나들듯하며 그녀의 애간장을 녹였다.

설상가상으로 애주가인 남편은 간경화로 투병생활을 하다가 무에 그리 바쁘다고 그녀에게 무거운 십자가를 지워 준 채 천당으로 소풍을 떠나갔다.

유 여사는 25년 간 봉직했던 직장에서 정년을 5년이나 남기고 아들을 대신 입사시키는 조건으로 명예퇴직을 했다. 아들이 취직도 하고 꽃같이 아름다운 새색시와 결혼해서 한동안 행복의 여신이 찾아온 듯했다. 그런데 아들이 직장의 목욕탕에서 미끄러져 또다시 뇌수술을 받게 되었다.

게다가 결혼 7년이 되도록 후대를 이을 옥동자를 낳지 못한 부인이 입양을 반대하더니 이혼까지 요구했으니 억장이 무너질 일이었다. 설상가상으로 구조조정으로 직장이 폐쇄되는 바람에 아들이 하루아침에 실업자로 전락하기에 이르렀다. 그런데 아들은 오히려 이혼 후 지병처럼 따라다니던 천질이 치유되는 등 스트레스에서 해방되었다며 홀가분해 했다. 불편한 몸을 이끌고 재취업을 위해 기술을 배우고 자격증을 취득하는 등 왕성한 삶을 사는 모습이 기특하기까지 했다.

그런데 한 손이 불편한 아들이 승용차를 사달라고 졸라대 할 수 없이 승용차를 구입했는데 얼마 되지 않아 폐차시킬 정도로 큰 사고를 당해 또다시 입원을 하게 됐다.

그녀는 아들을 마마보이처럼 과잉보호한다며 사람들이 핀잔을 줄 때마다 자기 아니면 장애자에다 사고뭉치인 아들을 누가 돌보겠느냐며 한숨을 길게 내쉬곤 했다. 그리곤 자기가 오래 살아야 한다고 말했다. 다행히 장애 아들 대신 둘째 딸 부부가 한 집에 살며 효녀 노릇을 하고 있다며 고마워했다.

청상사별靑孀 死別과 금지옥엽 같은 외아들이 평생 동안 병마와 싸우고 있는 그녀의 고통과 아픔을 보면서 내 자신을 뒤돌아보게 된다. 새벽 다섯 시면 어김없이 일어나 성모마리아 앞에 두 손 모으고 기도하는 모자의 모습이 그렇게 아름다워 보일 수 없다.

"부모에게 받은 은혜를 자식에게 갚는다."는 유 여사의 철학이 지금도 심금을 울린다.

(2006. 8. 31)

누드 단상

(임실문학 2008년 상반기)

누드 하면 나체에 대한 예술적 뉘앙스가 은근슬쩍 풍긴다.

그런데 요즘 누드는 인체의 심미적審美的 요소가 결여된 채 돈벌이에 급급한 유흥업소 여성이나 일부 연예인들이 경쟁적으로 옷을 벗거나 누드집을 내는 등 나체의 예술성을 저속하게 몰아가고 있다. 또 원조교제나 성매매 등으로 은밀한 곳에서 누드 쇼를 연출하는 부류들의 부적절한 모습도 언론에 오르내려 망신을 당하기 일쑤다.

그런가 하면 서민들이 여름철에 보신탕으로 몸보신하다가 벌이는 누드쇼도 있어 배꼽을 잡게 한다. Y는 보신탕 이야기만 나오면 고개를 설레설레 흔들어 댄다. 올 여름 건설현장의 동료들과 몸보신하려다 똥개와 함께 누드쇼를 벌여야 했던 악몽 때문이다. 전주 근교 시냇가에서 설죽인 개의 털을 태우다가 개가 갑자기 벌떡 일어나자 동료들은 혼비백산 하여 줄행랑쳤는데 재수 없는 Y만 개고기 삶을 물이 펄펄 끓는 솥으로 넘어져 다리를 다치고 큰 화상을 입었다. 반드시 개의 발목을 묶은 뒤 개를 죽여야 한다는 절차를 소홀히 한 대가였다. 화상의 고통을 이기지 못해 피서객들로 붐비는 냇가를 무대로 누드쇼를 연출하다 급기야 병원신세를 졌다. 성격 좋은 그는 고통을 못 이겨 쩔쩔매다가도 개가 사람잡았다고 친구들이 놀려대면 살포시 웃곤 했다.

성격이 능글맞고 손버릇이 고약한 K는 동상면의 모 음식점에서 누드쇼를 벌였다. 그는 뜨거운 보신탕을 들고 온 민소매 차림의 아주머니의 탐스러운 젖무덤 속에 팁을 넣어줬다. 깜짝 놀란 그녀가 뒷걸음질하다가 몸의 균형을 잃고 넘어지면서 하필이면 보신탕을 K의 거시기에 쏟아 버리고 말았다. 천둥에 개 뛰듯이 옷을 벗어 던지며 나체쇼를 연출했다. 그는 병원에 입원해서도 야한 농담을 하거나 고약한 손버릇을 버리지 못하고 간호사 엉덩이를 툭툭 때리다가 부인에게 들켜 혼쭐 나기 일쑤였다.

자영업을 하는 H는 술만 취하면 룸살롱이나 가요주점의 여성들에게 나체쇼를 강요하는 게 취미였다. 올여름에도 술이 거나하게 취해 친구 몇 명과 함께 단골 가요주점에 갔다. 도우미에게 팁을 뿌리며 나체춤을 추도록 했으나 그 중 한 명이 말을 듣지 않자 다른 도우미로 교체시켰다. 새로 들어온 도우미는 보기 드문 미인에다 자진해서 옷을 벗고 춤도 잘 췄다.

그런데 어쩐지 낯익은 얼굴이었다. 설마했으나 서로 얼굴이 마주치는 순간 두 사람의 눈에서 불꽃이 튀었다. 아뿔싸! 그 미인은 몇 달 전에 결혼한 제수가 아닌가. 술이 확 깬 H와 제수가 서로 줄행랑을 놓았다.

나중에 안 사실이지만 제수는 결혼 전에 친구 빚보증을 서 주었다가 은행으로부터 빚 독촉에 시달리자 주말부부인 남편 몰래 밤이면 도우미 전선에 뛰어들던 게 화근이었다. 결국 집안 망신시킨 동생 부부는 이혼하고 H는 죄책감을 못 이겨 날마다 술독에 빠졌다가 위궤양으로 병원 신세를 지고 있다.

여성을 성 노리개로 삼는 남자들도 문제지만 성매매를 유발하는 유흥업소나 남성을 유혹하는 여성들도 자성해야 할 일이다. 부적절한 남녀관계로 은밀한 곳에서 누드쇼를 벌이는 것에 비하면 여름철에 보신탕으로 몸보신하다가 벌이는 서민들의 행위예술은 그나마 얼마나 애교스러운가.

(2006. 8. 20)

429호 입원동지께

호랑이가 곶감을 제일 무서워한다는 속담처럼 이 세상에서 제가 무서워하는 것은 뾰족한 주사바늘입니다. 오죽하면 어릴 적부터 흰 가운을 입은 간호사와 의사만 보면 줄행랑을 놓기 일쑤였을까요.

그런데 올여름 팔목에 화상을 입고 난생처음 병원에 입원하자마자, 간호사가 혈액검사를 한다며 팔목에 주사바늘을 쑤셔대 혼쭐이 났습니다. 또 엉덩이엔 진통제 투여, 손가락은 당뇨체크, 팔목은 링거와 항생제 투여, 그리고 혈액검사 때문에 하루에도 몇 번씩 크고 작은 주사바늘이 내 몸속을 드나들며 지도를 그렸지요. 그때마다 고통을 감내하느라 진땀을 흘렸답니다.

또 화상 입은 오른손은 붕대로 친친 감아 놓고, 왼손은 링거를 꽂아 놓았으니 잠도 제대로 못 자고 삼복더위에 세수는커녕 목욕도 할 수 없는 속수무책이 저를 황당케 했습니다. 아내와 두 아들의 도움이 없으면 아무것도 할 수 없는 상황이었습니다. 그런데 정작 주사바늘의 통증과 화상火傷의 아픔보다 더 무서운 것은 문병 오거나 위문 전화를 걸어온 사람들의 "왜 화상을 입었느냐?"는 질문에 앵무새처럼 답변을 해야 하는 일이었답니다.

그러나 마음을 비우니 화상과 주사바늘에 대한 아픔에도 면역이 생기고, 저에게 관심을 가져 주신 분들의 마음이 참으로 고맙다는 생각을 갖게 됐답니다. 행복도 기쁨도 다 마음속에서 나온다는 선인들의 말의 의미가 그런 것이 아닐까요.

평소 산을 좋아하는 저는 오십 후반이 되도록 건강만큼은 자신 있다고 자만심을 가졌답니다. 병원에 입원한 뒤부터는 이제는 예방 차원에서 건강관리를 해야겠다는 생각과 함께 건강한 몸을 물려주신 부모님께 새삼 더욱 감사드리고 있습니다. 그리고 여러 분들이 긍정적인 사고를 가지고 투병하는 모습에서 많은 것을 보고 배웠습니다.

429호실 입원동지 중 간경화로 고생하는 L씨와 교통사고를 입은 K씨가 퇴원을 했을 때 두 분의 빈자리가 너무 컸습니다. K씨는 병이 완쾌돼서 기쁜 마음으로 퇴원을 한 반면, L씨는 36세의 젊은 나이임에도 불구하고 간경화로 삶을 포기한 상태에서 퇴원을 해 마음이 무척 아팠답니다. 항상 얼굴엔 수심이 가득했고 매일 술에 취한 상태에서 간호사와 의사에게 꾸중을 들을 때마다 속이 상했지요.

지금도 전도사의 손에 이끌려 기도원으로 떠나던 모습이 자꾸만 어른거리는 것은 왜일까요.

제가 퇴원하고 입원실에 들러보니 입원동지들 중 두 명만 새로운 환자로 바뀌었더군요. 인대를 다친 C씨는 4주일이면 퇴원하고, A씨는 교통사고로 무릎이 아프지만 2주일 내로 퇴원할 예정이라 얼마나 다행인지 모른답니다.

'신은 인간에게 견딜 수 있을 만큼만 고통을 준다.'는 선인들의 말씀이 불현듯 생각납니다. 부디 Y병원 429호실 입원동지 여러분들의 무궁한 건강을 기원합니다.

2006년 성하지절에

이 충무공의 발자취

농촌과 온천 지역의 대명사였던 아산과 온양은 상전벽해桑田碧海란 말이 딱 어울렸다. 행정구역도 온양이 아산시로 통합되었을 뿐만 아니라 아산 탕정지구는 삼성을 비롯한 중소기업들이 물밀듯이 밀려와 신흥공업도시로 탈바꿈했기 때문이다. 이웃 천안도 수도권과 교통망이 직결된 교육도시로 인구가 60만 명에 육박하고 있어, 지난날 6대도시의 명성을 자랑했던 전주를 바짝 추격해 오고 있다.

눈부신 발전을 거듭하고 있는 온양과 천안은 28년 전 신혼여행을 다녀온 곳으로 올봄에 아내와 함께 결혼 28주년 기념여행을 다녀와 감회가 새로웠다. 특히 전국상공회의소 중견간부들과 동부인해서

『난중일기』를 중심으로 쓴 김훈의 소설 『칼의 노래』를 음미하며 충무공 이순신의 발자취를 둘러보는 맛도 남달랐다.

풋풋한 봄 정취가 가득한 은행나무 가로수 숲을 지나 충무공의 얼과 넋을 기리는 축제가 한창인 현충사로 들어섰다. 이순신관을 비롯한 11개의 전시물과 홍보관, 이순신 휘호 탁본 뜨기, 승전고 울리기 등의 이벤트가 발길을 잡았다. 반면 충의문 가는 길가에 늘어선 반송들은 전쟁터에서 부상당한 병사들처럼 받침대로 허리를 떠받치거나 몸통이 주리를 틀린 채 고통을 호소하고 있어 대조를 이뤘다. 그 모습을 이 충무공이 봤다면 과연 뭐라 했을까.

중국 악양 사람들의 고사를 인용해서 이 충무공의 수하들이 그의 넋을 기리며 세우고 눈물을 흘렸다는 타루비墮漏碑는 구국충정의 표상이었다. 돌계단을 오르자, 세 개의 가지를 뻗은 네 그루 소나무가 수문장처럼 서서 탐방객을 반겨 맞고, 맨 위에 선 두 그루의 백일홍은 반갑게 악수를 청했다. 조선 숙종 임금이 이 충무공의 얼을 기리기 위해 현충사를 축조하여 영정을 모신 뒤, 박정희 전 대통령이 새롭게 건축해 현판을 쓴 현충사는 예나 지금이나 장중함이 묻어났다. 근엄하고 온화한 모습을 잃지 않은 이 충무공의 영정 앞에 28년 만에 참배를 드리며, 나는 조국을 위해 무슨 일을 했는지 자문해 보았다. 뒤란의 무성한 대나무 숲은 불의에 대쪽같이 맞선 이 충무공의 표상처럼 느껴졌다.

유물관에 전시된 이 충무공의 일생의 기록인 『십경도』와 『난중일기』, 그가 쓰던 장검이 발길을 잡았다.

"석 자 되는 칼로 하늘에 맹세하니 산과 물이 떨고, 한번 휘둘러

쓸어버리니 피가 강산을 물들이도다(三尺誓天 山下動色 一揮掃蕩 血染山下).” 라는 충무공의 장검에 새겨진 글귀와 왜적을 향해 호령하던 환영이 불현듯 뇌리를 스치는 것은 왜일까.

드넓은 정원에는 아그배나무와 야광나무꽃이 눈부시도록 하얗다. 반면 아가씨들이 보면 바람난다 하여 집안에 심지 않는다는 전설을 가진 명자나무꽃과 철쭉은 요염한 여인의 입술처럼 새빨갛게 피어 음양조화를 이뤘다. 이 충무공이 태어나 무과급제 때까지 살았던 고택은 ㅁ자형으로 된 가옥구조로 전면에는 대청마루, 좌우측에는 부엌과 방, 입구에는 사랑방이 자리했고 창포가 있는 뒤란의 장독대와 두레박 우물이 고향집을 연상케 했다.

그의 일거수일투족을 말없이 지켜봐 왔던 은행나무 두 그루는 오백 년의 세월의 무게를 견디지 못해 구멍 뚫린 몸통을 수술 받아 연명하고 있었다. 반면 이 충무공이 말 달리고 무술을 연마하던 산등성이의 싱싱한 소나무들은 젊음을 뽐냈다.

이 충무공의 묘소는 한눈에 봐도 소나무가 울창한 두 개의 산줄기가 입구까지 에워싸고 뻗어 내린 길지려니 싶다. 연못 중앙의 아담한 동산에 독야청청 서 있는 한 그루 노송도 눈길을 잡았다. 드넓은 잔디밭 위에 석축을 쌓아 올려 모신 묘소엔 노무현 대통령, 해군참모총장, 인터넷동호회의 조화 세 개가 쓸쓸히 묘소를 지켰다. 참배객들도 적어 박 대통령 재임시절과는 너무나 판이한 광경이다. 게다가 이 충무공의 묘소 뒤쪽의 움푹움푹 파인 곳은 이 충무공을 저주하는 어느 무속인이 칼을 꽂아 놓았던 흔적이라는 설명에 가슴이 섬뜩했다.

향긋하고 신선한 바람이 코끝을 스치는 소나무 숲 쉼터에는 사람들이 제법 많았다. 생전에는 애국하고 사후에는 사당과 묘소를 후손들의 휴식처와 역사의 산 교육장으로 제공하고 있으니 그 존경심에 저절로 고개가 숙여졌다.

한산도 제승당의 이 충무공 영정.

예부터 아산은 명현석학들이 많이 태어난 곳으로 유명하다. 청렴결백한 정치가로 멋과 풍류를 아는 맹사성, 개화파의 급진적 지도자로 근대화의 선구자인 김옥균 등이 그렇다. 특히 불의와 타협하지 않고 나라를 위한 충성심과 효성심이 강한 이 충무공의 발자취를 신혼여행 때 돌아보고, 28주년 결혼기념여행에 즈음하여 또다시 둘러볼 수 있어 더욱 의미가 있었다. 이 충무공의 구국일념은 우리 부부가 평생 동안 마음에 간직해야 할 산 교훈이다.

(2006. 8. 2)

묶음 2 – 동유럽 5개국

매혹의 도시 프라하(체코기행 1)
박물관 도시 프라하(체코기행 2)
수륙공의 교통요충지 바르샤바(폴란드기행 1)
아우슈비츠 포로수용소(폴란드기행 2)
소금광산과 크라코프 왕궁(폴란드기행 3)
목축업과 레저산업의 메카(슬로바키아기행 1)
도나우의 진주 부다페스트(헝가리기행 1)
문화유산의 보고 부다페스트(헝가리기행 2)
예술 천국 와인천국(오스트리아기행 1)
동유럽을 지배한 나라(오스트리아기행 2)
모차르트 고향 잘츠부르크(오스트리아기행 3)

매혹의 도시 프라하

— 체코기행 1

(영호남수필 2007년 상반기, 뉴스앤피플 2007. 4)

유럽 도시 중 가장 매력적인 도시로 평가받는 프라하는 환상의 도시, 천년도시, 황금도시, 박물관도시 등 수많은 수식어가 따라붙었다. 특히 프라하성은 중세를 그대로 옮겨놓은 듯 웅장하면서도 예술적인 로마네스크, 고딕, 바로크, 아르누보 양식의 전통건물과 아름다움이 극치를 발한다.

불야성을 이루는 구도시의 거리와 카를교 등이 프라하의 매력포인트. 게다가 음악과 인형극, 낭만과 역사가 살아 숨 쉬는 중세의 숨결을 느끼기 위해 해마다 1억 명의 관광객이 몰려들고 있으니 얼마나 축복받은 도시인가.

프라하 구시가지 야경.

오죽하면 독일의 프란츠 카프카는 프라하의 아름다움에 반해 평생을 이곳에 머물렀고, 영국 찰스 황태자는 도시의 건축미에 취해 '프라하의 역사적 건물재단'을 세웠을까. 또 영화 「프라하의 봄」 원작 『참을 수 없는 존재의 가벼움』의 작가 밀란쿤데라는 세상에서 가장 에로틱한 도시라고 평가하지 않았던가. 영국의 작가 루시다, 미국의 수필가 비달, 한국의 이문열도 문화적 분위기와 고색창연한 도시미를 찬양했다. 모차르트도 빈에서 실패했던 오페라 「피가로의 결혼」이 프라하에서 대성공을 거두자 음악을 진정으로 아끼고 즐기는 시민이라고 극찬할 정도였다.

프라하는 「아마데우스」, 「미션 임파서블」, 「트리블 엑스」 등 영화 속에서도 매혹적으로 다가온다. 「트리블 엑스」의 주인공들이 식사하는 배경도 바로 유럽에서 가장 아름다운 시민회관 1층에 있는 프랑스 식당이다. 이곳은 1918년 체코슬로바키아의 독립이 선포된 곳으로 2층은 체코가 낳은 위대한 음악가 스메타나가 서거한 5월이면 '프라하의 봄' 음악축제가 열려 전세계의 음악 애호가들이 인산인해를 이룬다.

'민중의 강'으로 불리는 몰타 강은 영화 「프라하의 봄」의 배경이 되기도 했다. 도로나 인도의 바닥을 돌로 모자이크하듯 예술적으로 장식한 점도 돋보였다. 중세의 고풍스런 건물과 야외 식당에서 맥주를 즐겨 마시는 시민들의 모습도 매우 인상적으로 다가왔다. 지하 와인 저장고의 벽에 돌을 붙이거나 페인트로 산뜻하게 보수해서 레스토랑으로 활용하는 아이디어도 번득였다.

체코는 프라하를 중심으로 한 보헤미아와 브르노를 중심으로 한 모라비아의 두 지역으로 나뉜다. 보헤미아는 기원전에 켈트족이 최초로 거주하였던 곳이다.

프라하는 유럽의 십자로 또는 심장으로 불릴 정도로 예부터 러시아, 터키, 모슬렘족, 유대인들이 값싸고 풍부한 상품을 구하러 왔던 곳이다. 그러나 지리적 요충지라서 주변 국가들로부터 수많은 외침에 시달려야 했고, 소련에 의해 해방되어 사회주의 체제를 표방하다 최근에 와서야 정치와 경제개혁바람이 거세게 불어 닥치고 있었다.

체코인들은 14세기에 엄청난 유럽인들의 생명을 앗아간 흑사병으로 알려진 페스트를 연기로 물리쳤다고 믿기 때문에 체코에서 할아버지가 손자에게 담뱃불을 붙여주는 모습은 아주 자연스럽다. 또한 기침으로 페스트가 전염됐다고 믿기 때문에 외국인들이 헛기침만 해도 기겁을 하고 자리를 피했다. 또 껌을 씹으면 창녀로 오인하기 때문에 절대 껌을 씹지 않는 게 관습이다.

한국과 달리 산림자원을 훼손하지 않고 지형과 자연을 살리며 주택을 짓는 방법은 본받을 점이었다. 건물도 높지 않아 조망권과 일조권 침해 시비도 없을 뿐만 아니라 자연경관이 아름다운 공원이 많아 도시 전체에 생동감이 넘쳐났다. 사계절이 뚜렷하지만 일교차가 심하고, 강우량은 아주 적어도 여름철엔 이슬비가 자주 내려 드넓은 대지에 잘 자라는 목초, 해바라기, 옥수수의 천국이었다.

그런가 하면 EU(유럽연합) 경제동맹국은 25개국으로 증가일로에 있지만, 체코는 국가경제가 어려워 연간 인플레이션이 10%에 육박하고 공동화폐인 유로화조차 통용되지 않아 매우 불편했다. 설상가상으로 프라하에는 소매치기들이 관광객의 재물과 여권을 훔치는 사례가 빈번해 마음을 불안하게 했다.

반면 제2의 수도 브르노는 자본주의 체제로 전환된 후 외국인투자가 더욱 활발해지고 십 년 사이에 신흥공업지역으로 부상하여 국제박람회가 개최될 정도로 체코 경제발전의 견인차 역할을 하고 있다.

체코인들은 한국기업의 최고급 브랜드인 삼성, LG 휴대폰을 자랑스럽게 목에 걸고 다니는 반면에 중급인 소니나 모토롤라는 호주머니에 넣고, 삼류제품은 양말에 끼고 다녀서 다리가 덜덜 떤다는 우스개를 듣고 가슴이 뿌듯해 옴을 느꼈다. 그러나 체코인들은 휴대폰 상품명은 알아도 그 제품을 생산하는 회사가 한국기업이라는 것을 전혀 알지 못한다는 현실은 또 어떻게 설명해야 할까. 불현듯 한국의 기업인은 120km의 속도로 뛰며 국위선양을 하는데, 정치권과 행정은 20km로 기면서 각종 규제로 갈 길이 바쁜 기업의 발목을 잡는다는 어느 외국 기업인의 말이 자꾸만 뇌리를 스쳤다.

(2006. 9. 1)

박물관 도시 프라하
– 체코기행 2

(2007 뉴스앤피플)

프라하는 문화유산의 보고이자, 불야성의 도시란 말이 딱 어울렸다. 화약탑은, 17세기에는 화약창고였고, 열세 개의 성벽 중 하나로 신구 시가지의 분기점이었다. 지금은 화약탑 홀로 남아 어둡고 칙칙한 모습이지만 프라하의 유구한 역사를 대변해 주고 있었다. 구시가지 광장 중앙엔 얀 후스 동상, 골즈킨스키 궁전, 틴 성당, 성 니콜라스 성당, 천문시계탑 등 쟁쟁한 건물들이 박물관도시의 명성에 걸맞게 빼곡했다.

15세기에는 보헤미안의 종교 개혁가 얀 후스와 그의 추종자들이 구시가지 광장에서 화형되기도 했다. "진실을 말하고 진실을 행해라."라는 얀 후스의 동상에 적힌 글귀가 가슴에 절절하게 와 닿았다. 또 이곳은 독일 나치스에 의해 구시청사가 크게 훼손되는가 하면 골즈킨스키 성당 발코니에서는 공산당의 사회주의가 선포되고, 프라하의 봄 이후에는 소련 탱크가 점령했던 비극의 현장이기도 하다.

이곳의 광장 한 켠에 있는 노점은 드라마 「프라하의 봄」에서 소매치기하는 장면을 촬영한 배경의 무대였다. 밤이 되자 화려한 야경을 배경으로 다양한 축제가 열리며, 관광객의 시선을 끌어 모았다. 우스꽝스런 분장으로 음악회와 불꽃축제를 벌이는 것도 눈요깃거리였다.

네온사인이 오색 빛을 발하고 아연 성분이 있는 건물 외벽의 돌들은 은은한 색채를 뿜어냈다. 말똥 냄새가 고약한 마차와 앙증맞은 꼬마자동차는 관광객을 상대로 외화벌이에 동분서주했다.

블타바 강의 열세 개 교량 중 가장 아름다운 다리로 추앙받는 카를교는 중유럽에서 가장 오래된 연륜을 자랑하며, 1357년 나무다리를 헐고 크게 번영한다는 의미로 돌로 축조했다. 그 다리 위의 석상 서른 개 중 다섯 개의 별 모자를 쓴 성 요한 네포무크 성상에 손을 대고 기도하면 소원을 이룬다는 속설 때문인지 그 곳엔 반질반질한 윤기가 흘렀다. 카를교는 영화 「미션 임파서블」에서 톰크루즈의 스릴 넘치는 폭파장면의 배경으로 유명하고, 프라하 야경에 반해 클린턴 대통령이 색소폰 연주를 했을 정도였다. 다리 끝부분은 최고의 전망대로 저녁노을과 함께 구시가지와 프라하성의 찬란한 불빛이 빚어내는 황홀경을 필설로 표현하기 힘들었다.

첨탑이 인상적인 틴 성당은 7백 년의 유구한 역사를 자랑했다.

천문시계탑.

화려한 외관은 초기 고딕 양식을 띠고, 내부는 바로크 양식으로 음울한 분위기를 자아냈다. 성 니콜라스 성당은 타 건물에 비해 연륜이 3백 년으로 풋내기였으나 흰색 건물과 옥색 지붕이 어우러져 중후함이 묻어났다. 내부 돔에는 성 니콜라스와 성 베네딕트의 생애가 그려져 있는 것이 특색이었다.

하나의 강을 놓고 독일은 몰다우, 영국은 도나우, 체코는 블티바강으로 표현해 헷갈린다. 「나의 조국」에 묘사된 블티바 강이 프라하를 재빠르게 가로질렀다. 예전에는 주요 수로 역할을 했으나 지금은 구릉지를 아름답게 장식하며 한가로이 유영하는 백조와 갈매기 놀이터로 변했다.

강 맞은편 언덕 위에 위풍당당하게 자리한 프라하성 입구 도로변엔 삼성과 LG 광고물이 한국처럼 홍수를 이뤘다. 일명 너도밤나무로 부르는 마로니에 나뭇잎이 누렇게 메마른 모습으로 찬바람에 몸을 떨었다. 말쑥한 제복의 근위병이 마네킹처럼 서 있는 성문을 들어서면 14세기 보헤미아의 황금기를 구가하던 시대의 건축물들이 천년의 건축사를 웅변하느라 애를 썼다. 건축문화의 르네상스를 이룬 루스카나 건물의 입체감과 왕관과 십자가의 조형물로 왕보다 권한이 높음을 과시하는 대주교 건물도 주목거리였다.

체코 경제를 부흥시킨 TGM토마스 초대 대통령 동상은 대통령관저를 쳐다보며 후임자들에게 정치를 잘해 달라고 독려하는 듯했다. 현재 집권중인 하멜 대통령은 민족투사요, 극작가인 동시에 제1회 서울평화상 수상자이다. 영부인은 인구증산정책의 일환으로 에로영화에 출연하여 관심을 끌기도 했다.

대통령 관저에서 내려다보니 프라하의 시가지와 울창한 숲이 어우러져 무척 평화롭게 보였다. 한국과 달리 관저가 웅장하거나 화려하지 않아 오히려 검소함이 묻어났고, 휴일임에도 불구하고 하멜 대통령의 집무를 알리는 국기가 펄럭거렸다.

체코 왕국과 신성로마제국의 상징인 비트 성당은 보헤미아 왕국의 기독교 전통을 강화를 위해 가렐 황제에 의해 세워졌다. 뛰어난 석공들이 까치발, 이무기, 소크라테스 상, 악마가 배반자 유다의 영혼을 그의 입에서 꺼내는 장면 등 괴상한 모습과 가면 등을 조각한 성당의 처마가 특이했다. 70년 간 웅장한 돌로 쌓아올리고 섬세한 조각들이 많은 예술성과 과학성이 복합적으로 이루어진 걸작이 아닌가 싶다.

황금소로는 원래 프라하 성을 지키는 병사들의 막사로 사용하기 위해 건설됐으나 16세기 후반 연금술사와 금은세공사들이 살면서 붙여진 이름으로, 「성」과 「변신」의 작가 카프카의 생가가 있어 더욱 유명해졌다. 그 후 열여섯 채의 작은 건물엔 철갑옷을 만든 사람들이, 유태인들이 거주했던 2층엔 철갑옷과 창, 철망 속옷을 비롯한 전쟁 도구들이 전시됐다. 도대체 그 무겁고 거추장스런 철갑옷을 입고 어떻게 전쟁을 했는지 도무지 믿어지지 않았다. 1층의 기념품을 파는 미니 상점들은 관광객들의 지갑을 끊임없이 넘봤다.

체코의 수호성으로 일컫는 국립중앙박물관 광장의 성 바오로 즐라프 기마상은 그 위용이 늠름했다. 그는 국난이 다쳤을 때 보헤미아의 동굴에서 잠에 빠진 기사들을 깨워 그들을 이끌고 적군을 물리친 전설속의 인물이다. 또 그 광장은 소련을 비롯한 위성국들의 탱크가 진주해 하루 만에 점령하여 역사의 무대가 되기도 했다. 소련에 대항해 프라하의 민주화를 외치다 산화한 두 대학생의 초상이 새겨진 비문이 참배객들 마음을 숙연하게 했다.

유럽에서 가장 아름다운 오를로이 천문벽시계 앞에 닿자 맑았던 날씨가 갑자기 천둥번개를 동반하며 소낙비를 뿌렸다. 비를 피해 전망 좋은 노점에서 흑맥주를 마시며 그 시계의 종소리가 울리기를 기다렸다. 이윽고 죽음의 상징, 해골이 줄을 당기자 맨 위에 있는 창문이 열리더니 예수의 열한 명의 사도와 성 바울이 베드로를 따라가고 다시 창문이 닫혔다. 그 뒤를 이어 시계 위쪽의 황금 닭이 홰를 치며 울고, 시간에 맞춰 종이 울리자 군중들이 카메라 세례를 퍼부었다.

그 시계는 1490년 하수쉬간이 만들었는데, 왕이 더 이상 아름다운 시계를 만들지 못하도록 그의 눈을 멀게 했다 한다. 시계공이 죽으면서 그 시계를 만지자 멈춰버려 1572년 얀 타보르스키라가 다시 제작했다고 한다.

그러나 단순히 시간을 알리기 위한 기능보다는 지구를 중심으로 도는 태양과 달의 궤도를 모방하여 천체의 움직임을 알리기 위한 오묘하고 과학적인 산물이 아닌가 싶다.

(2006. 9. 1)

수륙공의 교통요충지 바르샤바
– 폴란드기행 1

(전북문협 2007. 5월호 53호, 뉴스앤피플 2007. 4)

폴란드 하면 폴란드근대사에서 가장 유명한 바웬사가 떠오른다. 그는 세계적으로 유명한 노동가로 폴란드 노동운동을 이끌었고 한때 대통령까지 지내며 경제를 이끌기도 했으나 부인과 측근들의 비리로 구설수에 휘말려 그 명예가 완전히 실추되고 말았다. 과거와 달리 그의 과격한 노조활동은 외국투자유치에 있어 최대 걸림돌로 작용해 폴란드에 진출해 있는 외국기업들마저 노조가 없는 슬로바키아나 루마니아 등으로 이전하고 있으니 격세지감이 아닐 수 없다.

반면에 쇼팽은 죽은 지 160여 년이 지났어도 개성적이며 참신한 기법과 서정성을 기조로 웅장함과 다채로운 성격을 겸비한 피아노

시인으로 칭송받고 있어 대조적이다. 그는 모차르트의 후계자로 귀족사회의 총아였고, 최근 보드카, 초콜릿, 과자 등 고급브랜드에 쇼팽의 초상과 이름이 새겨질 정도로 국가경제에 이바지하고 있어 새삼 그에 대한 존경심이 우러났다.

돌이켜보면 폴란드는 피아스타 왕조를 중심으로 통일국가를 이루어 14세기경에 황금기를 이루기도 했으나 러시아, 오스트리아에 멸망했던 불운의 나라였다. 한때는 나치스에게 점령되기도 했으며, 2차 세계대전 후 국토의 대부분이 전쟁에 의해 폐허가 되고 아우슈비츠의 슬픈 역사도 있다.

하지만 지금은 쇼팽, 바웬사, 코페르니쿠스, 퀴리부인을 낳은 나라로 경제성장을 위한 노력이 눈물겹다. 4천만 명의 인구와 한반도의 1.4배에 이르는 국토를 가지고도 외채누증과 수출부진 등으로 후진국을 면치 못하다가 1988년 이후로 IMF 세계은행의 신규 차관도입을 위한 산업의 사유화, 화폐개혁, IMF 경제개혁안 수용 등 국가 경제회복을 위해 다각적인 노력을 기울이고 있다. 그래서 동구권 가운데 가장 급진적으로 시장경제를 도입하여 92년부터 공업생산성이 눈에 띄게 증가하고 있다.

눈에 보이지 않은 인종차별이 있으나 한국과 일본인에게는 무척 호의적이다. 과거 오랫동안 외침과 외세지배에 시달렸던 관계로 동구 국가로 표현하는 것을 극도로 싫어하고, 중유럽으로 부르기를 원하는 점도 눈여겨볼 대목이 아닌가 싶다.

그런가 하면 상품을 사면 유로화가 아닌 체코의 크라운화로 거슬러 줘 외국인들에게는 매우 불편한 점도 있다. 또 국경에서 유럽인

바르샤바 시가지의 모습.

차량과 화물을 실은 트럭은 여권이나 상품 송장만 보여주면 무사통과시키지만, 다른 외국인들은 한 시간 이상을 기다리게 하거나 뇌물을 주는 차량만 쉽게 통과시켜 나라 망신을 자초하기도 한다.

바르샤바는 수륙공水陸空의 교통요충지로 모스크바, 베를린, 파리, 빈 등 유럽 주요도시로 가는 국제열차가 중앙역에서 이어진다. 오켄 공항에서는 동서 유럽의 각 도시로 가는 항공로, 비슬라강의 하항은 운하망에 의해 여러 강으로 연결된다.

게다가 아무 곳이나 나무만 베어내면 곧바로 스키장, 농경지, 목초지로 활용할 수 있는 비옥하고 광활한 땅과 재해가 없어 잘살 수 있는 조건과 부존자원을 겸비한 나라로 무한한 성장 동력이 잠재하고 있다.

(2006. 9. 3)

아우슈비츠 포로수용소
- 폴란드기행 2

(뉴스앤피플 2007. 5)

무슨 이유로 수많은 사람들을 끌어다가 노역을 시키거나 생체실험을 한 뒤 참살했을까? 육십 년 전, 평화스럽던 시골마을이 나치스에 의해 철의 장막이 쳐지고 6백만 명이 참살되는 지옥의 땅으로 변했던 모습이 오버랩됐다. 지리적 이점 때문에 유럽 각지에서 짧은 기간에 수많은 사람을 실어 올 수 있었던 폴란드 국철 PKP 마크가 새겨진 오슈비엥침 역이 마치 지옥의 관문처럼 느껴졌다.

아우슈비츠수용소에 들어서니 나치스의 막사와 고압전기를 흘려서 탈주를 막았던 철책선이 남북을 갈라놓은 38선처럼 섬뜩했다. 벽돌로 허술하게 지어진 4호 건물은 독가스실에서 죽어 너부러진 처참한 모습의 시신을 찍은 사진들을 전시해 놓았다. 살아남은 자들도 매일 노역과 생체실험 등으로 시달려야 했다. 그곳을 탈출할 수 있는 길은 오직 한 가지, 죽은 뒤 영혼만 하늘로 날아갈 수 있었다. 나치스는 수용자들을 위로한다는 미명 아래 아침저녁으로 집합시켜 놓고 오케스트라 연주를 하면서 인원을 체크하며 탈주를 예방하는 교묘한 수법을 썼다고 한다.

이층엔 오슈비엥침 역으로 끌려왔던 사람들의 모습이 담긴 사진들이 즐비했다. 종교적 이질감 때문에 수난을 당한 유대인과 기독교인, 그리고 인간쓰레기로 취급된 집시들이 영문도 모른 채 끌려왔다. 대부분의 사람들은 빈손으로 끌려와 사색이 된 표정인 반면, 유대인들은 지상낙원으로 이주시켜 준다는 나치스의 감언이설에 속아서인지 천진난만한 얼굴로 이삿짐을 짊어지고 있었다.

그들은 나치스 장교의 손가락 움직임에 따라 생과 사의 갈림길을 오갔다. 지하 탈의실을 샤워실로 착각하고 옷을 벗은 채 가스실로 들어간 뒤 모두 불귀의 객이 된 비극의 현장 사진은 다큐멘터리보다 더 잔인했다. 이와 쥐를 죽이기 위한 카바이트의 일종인 사이크로 B고체를 가스실에 주입해 죽인 뒤 시체에서 귀족들의 옷감 원단 생산에 쓸 머리카락을 비롯한 인체실험에 필요한 것을 채취했다. 아이들의 학용품, 인형, 옷, 진귀한 보석, 그리고 머리카락이 수북하게 쌓인 창고 앞에서 손수건을 꺼내는 사람이 부쩍 늘었다.

5호 건물엔 끌려온 사람들의 안경을 이용하여 렌즈로는 망원경과 현미경을 만들고 안경테는 녹여서 철로 사용한 사진이 전시됐다. 창고엔 안경, 머리빗, 칫솔, 구두솔, 신발, 옷, 그릇, 주방기구들

아우슈비츠 포로수용소.

이 수북했다. 이름이 적힌 가죽가방과 이름조차 남기지 못한 어린 이들의 양말과 신발, 옷가지, 그리고 갓난애를 담아 온 바구니 등도 산더미처럼 쌓여 있었다. 그 물건들은 추운 겨울을 나기 위한 땔감으로 사용되고 남은 것이라고 했다.

6호 건물엔 살아남은 자들을 민족과 남녀노소의 죄목에 따라 세분하여 나누어 놓은 사진이 걸려 있었다. 생체실험 대상으로 삼기 위해 신체 사이즈별로 기록한 데이터도 있었다. 노역자들이 굶주림으로 얼굴이 해골로 변해 판별이 어려워지자 사진 대신 '오케이목장'의 마소처럼 팔뚝에 문신을 새기거나 정치범, 집시, 동성연애자, 유태인, 종교인 등으로 죄명을 표기하여 그 비표를 가슴에 붙였다.

유전자 연구와 생체실험의 대상이 된 쌍둥이, 소년소녀, 뚱보여인 등이 해골로 변했거나, 마가린, 가짜 커피, 곰팡이 낀 빵 한 조각으로 연명하던 사람들이 죽어 너부러진 사진이 당시의 참혹상을 대변해 주었다. 텅 빈 밥그릇을 들고 굶주림으로 울부짖는 사람들과 동성연애자와 네 명의 거세당한 아이들의 생체실험 사진도 목불인견이었다. 그런가 하면 나치스보다 더 잔인하게 수용자를 괴롭혔던 하수인들의 얼굴엔 얄밉게도 개기름이 줄줄 흘렀다.

참살의 원흉이자 히틀러의 하수인이며 나치스 정권하의 비밀경찰인 게슈타포의 책임자는 전쟁에 참패하자 몰래 도망가다 영국 비밀경찰에게 체포되어 수용소에 있는 자기 집무실 옆 교수대에서 한 많은 생을 마감했다. 그 교수대 옆에는 원혼들의 위령탑과 영혼을 담는 그릇이 있었다. 매년 9월14일이면 생존자들이 오슈비엥침 역에서 철길을 따라 수용소까지 걸어와서 원혼들의 넋 앞에 위령제를 올린다고 한다. 불현듯 게슈타포의 책임자가 원혼들에게 사죄라도 하듯 죽으면서 '나도 유태인이 되고 싶다.'고 남긴 묘한 유언이 궁금증을 자아냈다.

유태인들이 가장 많이 희생당한 이유는 히틀러가 어머니와 정분이 난 유태인을 경멸했던 개인적인 감정과 부유한 그들의 재산을 몰수하여 전쟁기금 마련 때문이라고 한다. 또한 메시아가 아직 오지 않았다고 신약성경을 부정하는 종교적 이질감과 고리대금업으로 부를 축적하거나 매춘사업으로 유럽에 성병을 전염시켜서 페스트균이 창궐했다는 생각에 유태인들을 몹시 증오했다는 설도 있다.

수용소 탐방객들이 낸 입장료는 대부분 생존자들의 복지를 위해 쓰인다고 한다. 일제의 만행을 망각하는 일본과 달리 독일정부는 그들의 과오를 백배사죄하며 생존자들과 유족들의 복지를 위해 전쟁부담금을 백년 동안 보상하려고 노력하고 있었다.

현재까지 폴란드에 바르샤바 도로 증설을 비롯하여 2조 원의 전쟁부담금을 지원했고, 독일총리가 직접 그 수용소에 가서 무릎 꿇고 사죄하고, 독일학생들은 교사와 함께 수용소 현장체험을 통한 역사공부에 열중하고 있다. 신사참배를 고집하는 고이즈미 전 총리와 망언을 일삼는 일본인들이 보고 배워야 할 일이다.

마지막 시찰코스인 지하 독가스실로 들어서니 천장과 벽이 시커멓게 그을리도록 시신들을 태웠던 두 대의 보일러가 하릴없이 덩그렇게 놓였다. 갑자기 구천을 떠도는 6백만의 원혼들의 울부짖음인 듯 스산한 회오리바람이 수용소 가스실로 몰려들었다.

(2006. 9. 3)

※ 독일인들이 부른 아우슈비츠는 폴란드어로 오슈비엥침이며, 국제적십자협회의 보고서에 의하면 아우슈비츠는 대량학살 장소가 아닌 강제노동수용소라는 문제점이 제기되어 이에 대한 진실을 밝혀야 한다는 목소리가 커지고 있는 실정이다. 1979년 유네스코 세계유산에 등록되었다.

소금광산과 크라코프 왕궁

– 폴란드기행 3

"빨리빨리, 싸게싸게 들어가드라고."

소금광산에 근무하는 폴란드인들이 우리에게 싱긋 웃으며 한 말이다.

한국인들이 얼마나 시끄럽게 그들 앞에서 떠들었으면 그럴까. 세계문화유산으로 지정돼 폴란드를 일약 관광부국으로 만들어 준 비엘리치카의 소금광산은 입장료뿐만 아니라 관광객들이 소금광산사진을 찍는 것도 돈을 받았다.

통나무로 받쳐 놓은 지하 380계단을 돌아서 내려가면서 가이드가 "뺑뺑이 돌았다. 완전히 돌았다."라며 농담을 건넸다. 벽마다 낙서가 빼곡했는데 한국인 낙서도 종종 목격됐다.

1923년까지 소금을 생산했던 동굴은 전체가 철옹성 같은 암염巖

鹽으로 이루어졌다. 그곳에서 근무할 인부들은 장래가 촉망되는 엘리트들을 선발했고, 삼 개월 동안 숙식을 하며 소금 생산과 운반과정에 대한 과학적인 방법을 연구했다고 한다. 그들은 처음에는 소금 부스러기를 통에 담아내다가 다음에는 레일을 설치해서 손수레로 운반한 뒤 망아지를 길러서 마차로 운반하는 단계로까지 발전시켰다.

소금동굴은 총 3백km로 세계에서 가장 길어 1978년에 세계문화유산으로 지정됐다. 지하에 킹카 성당을 건축하면서 마리아상 뒤로 구멍을 뚫어 햇빛을 들어오게 설계했으나 돌풍에 촛불이 넘어져 화재가 발생해 전소되기도 했다. 그 뒤 130년에 걸쳐 성당을 재건하면서 예수 탄생부터 생애, 요한 바오로 2세 등 수많은 조각을 광부 세 명이 했다는 사실이 도무지 믿어지지 않았다. 더욱이 특이한 점은 샹들리에와 모든 조각상이 암염이라는 사실이다. 불후의 명작을 조각한 광부들의 손재주가 한없이 존경스러웠다.

짠물을 마시면 죄가 씻긴다고 믿는 세 개의 호수는 수면에 닿은 부분은 소금이 허옇게 엉겨붙어 있고 관광객들이 소원을 빌며 던져 놓은 동전들이 어지럽게 널려 있었다. 깊이가 120m인 소금동굴엔 지하카페, 대합실, 화장실, 지하성당, 소금생산 시설 등이 갖춰 있는 만물백화점이었다. 또 공사장에나 있을 법한 덜컹거리는 구형 리프트카를 그대로 두어 옛 풍취가 고스란히 느끼지게 하였다. 관광객에 대한 배려로 돋보였다.

비엘리카 소금광산을 둘러보고 폴란드의 수도를 바르샤바로 옮기기 전까지 왕궁이 있었던 크라코프로 가기 위해 발트 해로 흘러

비엘리카 소금광산.

가는 비수아 강을 건넜다. 도로변엔 자작나무와 홍송으로 일컫는 붉은 소나무가 즐비했다. 슬로바키아 국경 근처의 주유소는 화장실 사용료를 폴란드 화폐로 요구하여 관광객들에게 몹시 불편을 줬다. 크라코프는 슬로바키아의 동구 알프스라 불리는 탄드라 산맥을 넘어 반스카비스리챠로 가는 경유지였다.

마리아 성당이 눈에 들어오고 거리에는 관광마차와 인력거가 분주하게 오갔다. 시민들의 휴식처인 넓은 공원에는 교황바오로 2세를 비롯한 가톨릭 관련 사진들이 전시됐다. 시가지엔 유럽 중세풍의 육중한 건물들이 즐비했고 구시청 건물과 성당이 있는 리넥 광장엔 젊은이들이 떼지어 다니며 춤추고 노래를 부르며 청춘을 불태웠다. 자유분방했지만 질서정연하고 정열적인 그들의 모습에서 무한한 폴란드의 발전 가능성을 보았다.

(2006. 9. 3)

목축업과 레저산업의 메카
– 슬로바키아기행 1

슬로바키아 국경을 체코나 폴란드와는 달리 간단한 여권검사만으로 곧바로 통과해 첫인상이 좋았다. 탄트라 산맥에서 뻗어 나온 고산준령들이 위용을 자랑하고 동절기 5개월 동안 성수기를 맞는 스키장과 리조트가 즐비했다. 또 숲이 울창해서 펄프 공장이 발달했고, 집집마다 장작을 수북하게 쌓아 놓았다. 풍부한 석탄을 연료로 사용하는 화력발전소 굴뚝에서 검은 연기가 뭉게뭉게 피어올랐다.

첩첩산중의 협곡과 구절양장의 도로는 차량들의 정체가 심해 무척 지루하고 답답했다. 평야지엔 옥수수밭과 넓은 초지가 많고 성냥갑처럼 작은 규모의 2층집들이 열병하듯 줄지어 나타났다. 동구의 아프리카로 불리는 탄트라 산맥을 너머 반스카비스트챠는 금 광산이 발달한 도시로 작은 사과나무가 많았고, 한국의 스포티지 차량이 눈길을 끌었다. 수도인 브라티스라바는 뛰어난 문화생활을 갖춘 활기찬 도시의 모습인 반면 시골에는 전통적인 농가를 형성하고 있었다.

체코슬로바키아는 두 민족이 한 배를 탔지만 서로 뜻이 맞지 않아 1993년 체코와 슬로바키아로 분리, 독립했다. 슬로바키아는 550만명으로 인구도 적고, 목축업과 레저산업만 발달하여 빈곤한 반면, 체코는 부유했다. 게다가 1989년 공산당이 그 세력을 포기하게 된 벨벳혁명 이후 불안한 소강상태를 유지하고 있다.

국민성도 보수적이라 아직도 사회주의 체재에서 벗어나지 못했다. 남자는 내성적이고 소심한 반면 여자는 솔직하고 똑똑한 편에 속했다. 남성우월주의에 길들여진 한국 교민이 성격이 드센 그 나라 여성과 결혼했으나 서로 성격이 맞지 않아 무척 힘들어 한다는 고백이 나올 정도였다. 또 현실에 안주하는 국민성 때문에 동유럽에서 가장 발전 가능성이 있음에도 불구하고 미래가 아직도 불투명하고, 상당한 시일이 지나야만 사회주의 체제의 늪에서 벗어날 수 있다는 분석도 나왔다.

부존자원으로 석탄, 구리, 금이 많고 유전도 발견되어 독일에서 개발을 제의해오지만 자국에서 독자개발하려는 욕심 때문에 쉽사리 결정짓지 못하고 있는 실정이다. 한국의 대우가 그 나라에 투자해 경제발전에 대한 기대감에 부풀었으나 IMF 외환위기로 인해 부도가 난 후부터 대우에 대한 실망과 함께 한국에 대한 이미지가 크게 실추됐다고 한다. 그런데도 삼성 등 우리 기업들의 투자를 적극 환영하는 분위기라서 천만다행이 아닐 수 없다. 슬로바키아를 비롯한 동유럽에서는 현지인들에 대한 각종 문화행사 등으로 고도의 마

슬로바키아 성터.

케팅 전략을 세우는 일본 전자제품이 1위를 차지하고, 한국은 2위를 지키느라 안간힘을 쓰고 있었다. 또 LG는 가전제품, 삼성은 휴대폰, 현대는 자동차로 유럽시장을 장악하기 위해 승부를 걸고 있는 모습이 자랑스러웠다.

이제 슬로바키아는 동구권 국가들의 자립 노력에 동참하는 한편 그동안 사회의 많은 부분에 영향을 끼친 체코 스타일에서 벗어나려고 애쓰는 흔적을 엿볼 수 있었다. 일례로 최근 기아모터스와 쌍용자동차를 비롯한 한국의 기업과 외국 기업들이 앞 다투어 투자를 서두르고 있어 공업입국으로 발돋움하려는 정부의 의지가 무척 강함을 알 수 있었다. 게다가 한국이나 폴란드와는 달리 노조가 없는 슬로바키아는 외국기업유치의 청신호이자, 호재가 아닌가 싶다.

(2006. 9. 5)

도나우의 진주 부다페스트

- 헝가리기행 1

(뉴스앤피플 2007. 5, 임실문협 28호 2007.10)

부다페스트는 동유럽의 파리, 도나우의 진주로 불릴 정도로 아름다움을 과시했다. 도시를 관통하는 도나우 강을 중심으로 동쪽 페스트는 중세 이래 상업과 예술이 발전했고, 서쪽 부다는 왕들이 거주했던 곳으로 왕궁, 역사 유물 등 유서 깊고 기념비적인 건축물들이 즐비했다.

헝가리는 오랫동안 터키와 합스부르크의 지배, 세계대전에 패배, 나치독일에 병합 등 수없는 고난을 겪다가 1955년 미국을 비롯한 4대 강국에 의해 독립한 뒤 UN에 가입해 장족의 발전을 하고 있다.

동유럽에서 가장 먼저 개방화 자유화를 실시하여 식품, 약품, 섬

유, 농업기계, 가공 금속제품, 자동차 등을 수출하고 있으며, 동구 자유화의 물결을 타고 발 빠른 도약을 보이는 점도 남다르다.

국경에서 입국심사를 받고 부다페스트를 향하는데 수확기에 접어든 해바라기가 들녘을 가득 채웠다. 현대의 대형 광고판을 지나면 삼성가전공장이 버선발로 마중 나왔다. 부다페스트에 들어서자 한국의 대우 승용차가 제법 많이 눈에 띄고 도로 중앙엔 전차가 줄지어 달리며 이방인을 반겨 맞았다. 그리고 배꼽을 내놓고 거리를 활보하는 팔등신 미녀들과 배불뚝이 남자들이 대조적이었다.

동유럽이 아닌 중유럽을 고집하는 헝가리는 남한과 비슷한 면적에 인구 810만 명으로 수도 부다페스트에는 190만 명이 살고 있었으나, 7개국의 국경과 인접해 있어 유럽연합의 중앙지로 유동인구가 1억2천만 명에 이를 정도다. 특이한 것은 공사장 등에서 일하는 인부 중 얼굴이 흰 사람은 헝가리인, 검은 사람은 집시다. 그런데 헝가리인의 출산율이 0.6%에 불과해 출산을 적극 장려하고 있는 반면 집시족들은 출산율이 높아 전체 인구의 12%나 차지하게 되자 집시에게 불임을 시켜야 한다는 목소리가 커지고 있다니 아이러니가 아닐 수 없다.

한국 교민은 5백 명으로 대부분 영세사업자이지만 한국기업 22개가 헝가리에 진출해 있고, 최근 한국타이어 공장도 들어섰다. 그러나 우리 기업들은 앞으로 경영 여건이 좋은 루마니아 우크라니아 등으로 투자처를 옮겨갈 움직임을 보이고 있다. 헝가리와 한국의 인연은 140년 전에 그들이 배를 타고 우리나라를 쳐들어 온 적이 있으며, 한국전쟁 때는 군대를 파견했고, 열차사고 때는 구조대를

부다페스트.

보내기도 했다.

한국 교민의 숫자가 미미한 것과 달리 중국 화교는 이미 10만 명을 넘어서고 중국 상품 '짝퉁'도 엄청나게 밀려들고 있었다. 게다가 중국 화교들이 동유럽 경제권을 거머쥐고 막대한 영향을 끼치고 있으며, 급기야 가장 큰 스칼라 백화점을 중국 화교가 인수하기에 이르렀다. 이 때문에 헝가리 수상은 매년 중국을 방문해서 기업유치에 매진하는 것을 국정 과제로 삼을 정도다. 이에 뒤질세라 독일을 비롯한 유럽 수상들도 중국 배우기에 열을 올리고 있다.

세계 경제력 4위에서 1위를 향해 브레이크가 없는 자동차처럼 고속 질주하는 중국이 자꾸만 무섭고 두려운 존재로 다가오는 것은 왜일까.

(2006. 9. 6)

문화유산의 보고 부다페스트
– 헝가리기행 2

영웅광장에 우뚝 솟은 건국천년기념비가 헝가리의 상징처럼 다가왔다. 까마득한 그 기념비 꼭대기에는 로마교황의 꿈에 나타나 성 이슈트반에게 왕관을 줄 것을 암시한 가브리엘 천사 동상의 한 손엔 왕관, 한 손엔 십자가를 들고 있는 모습이 이채롭다. 그 아래 건국 영웅 마자르족 족장 아르파드와 여섯 명의 부족장의 부조도 눈길을 잡았다. 또 이슈트반에서 코슈트에 이르는 14명의 건국영웅 동상과 일과 번영, 전쟁, 평화, 학문과 영광을 상징하는 네 개의 동상들도 인상적이다. 국빈과 외교관들이 헝가리를 방문할 때마다 광장 중앙에 있는 헌화탑에 헌화한 뒤 모든 일정을 시작할 정도로 이곳은 헝가리인의 정신적 지주이다.

젊은이들이 영웅광장으로 모여들어 담소를 나누고 자전거 묘기

영웅광장.

를 부리는 모습도 구경거리이고, 광장 앞엔 지하철역, 좌측엔 고대 미술관, 우측엔 현대미술관 등도 볼거리였다.

부다페스트에서 가장 높은 96m의 건물은 1천년 기념 밀레니엄 건물로 불린다. 어부의 요새 입구에는 동화의 나라처럼 오밀조밀한 건물들이 빼곡했다. 마차시 성당을 방어하기 위해 축성된 어부요새는 중세까지 야시장이 있었다. 네오 로마네스크 양식의 흰 건물은 화랑으로 연결됐고, 다섯 개의 둥근 탑과 뾰족지붕은 고풍스러움과 질박함이 묻어났다.

부다페스트의 상징으로 여겨지는 마차시 성당은 십자가 대신 새 벽별을 구축한 것이 특이했다. 왕들이 대관식과 결혼식을 했던 곳으로 내부 벽화에서 이슬람 문화 흔적을 찾아볼 수 있고 성당 옆에는 성 이슈트반 1세의 기마상이 활기찬 모습으로 다가왔다.

스테판 왕의 동상은 성형수술이 한창 진행중이고 어부성에서 내려다본 도나우 강변의 페스트 전경은 훌륭했다. 국회의사당을 비롯한 독특한 지붕들도 한눈에 잡혔다. 부다 왕궁은 부다페스트를 상징하는 역사적인 건물로 아름다운 정원과 유서 깊은 박물관을 품었다. 터키와의 전쟁에서 붕괴돼 17세기 합스부르크가에 의해 바로크 양식으로 새롭게 탄생됐고, 화재와 세계대전으로 파괴되어 근대에 와서 큰 수술을 받았다. 베토벤의 「월광곡」이 그곳에서 작곡되었고, 중세에서 현대에 이르기까지 많은 걸작들의 전시회가 열리기도 했다. 문가치의 그림은 어둡고 사실주의에 입각한 작품으로 일본인과 세계 미술인들의 이목을 집중시켰다. 아무튼 부다 왕궁은 그 규모가 엄청나서 며칠을 둘러봐야 할 것 같았다.

부다 왕궁에서 도나우 강을 바라보며 걷자 겔레르트 언덕이 반겼다. 도로변에는 노점상들이 즐비했고, 고지대인데도 예전에 홍수가 크게 나서 그곳까지 물이 찬 사진들이 도로변에 내걸렸다. 겔레르트는 헝가리 초대 왕 이슈트반 1세에게 초대된 이탈리아 전도사로 가톨릭 전파에 공헌을 했으나, 이교도들의 폭동에 의해 도나우 강에 떨어져 죽임을 당했다. 그를 기리기 위해 중턱에 추모비를 세웠다.

서울의 명동과 비슷한 바쯔 거리는 차량이 전면통제 되었고 중앙에는 나무를 심어 조경을 살렸다. 강 주변의 건물에 쇠고리가 많은 것은 홍수가 잦아 배를 맸기 때문이다. 봄에 눈이 녹으면 비와 겹쳐 더욱 홍수가 커지는 것을 예방하기 위해 강을 준설하고 강둑을 보강 하는 등 치산치수에 주력해 홍수피해로부터 자유로웠다.

이곳에서는 부다페스트 스프링 페스티벌이 가장 유명해 국내외의 대규모 공연단이 몰려와 문전성시를 이루었다. 또 헝가리 건국을 기념해 시민공원 안에 지은 바이다후나드 성, 영웅광장의 왼쪽 아테네 제우스 신전을 본따 만든 서양 미술관, 역대 왕들이 사용하던 물건이 전시된 국립박물관, 도나우 강 중간에 있는 마르키드 섬도 볼거리였다. 세계적으로 유명한 크리스털과 유리제품 쇼핑과 외화 획득에 일조하는 문화유산들이 자랑스러웠다.

(2006. 9. 6)

예술천국 와인천국

– 오스트리아기행 1

(뉴스앤피플 2007. 5, 임실문협 28호, 2007. 10)

왈츠의 나라로 일컫는 오스트리아는 가는 곳마다 5백 년 전통을 자랑하는 빈 합창단의 연주곡과 베토벤 「전원」행진곡이 넘쳐흘렀다. 또 문화예술과 음악의 도시로 알려진 빈은 극장마다 오페라와 콘서트가 열리며 관람객들이 문전성시를 이뤘다. 1,800명의 한국 교민 중 천 명의 음악도들이 청운의 큰 꿈을 꾸며 오스트리아에 유학하고 있는 의미를 알 듯싶다.

그런가 하면 와인천국으로 인정받는 국민답게 오스트리아인들은 매년 말이면 새 포도주로 담근 '호이리게'라는 2,700년의 포도주 역사를 자랑하는 화이트와인을 마시며 담소를 즐긴다. 또 슈테판 광장에 모여 송구영신을 축하하며 화이트와인을 마시고 잔을 깨고 자정이 되면 옆사람과 키스로 새해인사를 나누는 풍습도 이채롭다. 1130년 전에 형성된 그라짱 마을 와인촌의 슈베르트 초상화와 첼로가 걸려 있는 전통가옥에서 화이트와인을 마시며 악사들이 연주하는 슈베르트 곡과 한국가요를 감상하며 와인 향에 취했던 그 밤이 아직도 눈에 선하다.

세계대전의 패전으로 폐허가 된 오스트리아는 제일 먼저 국립오페라 극장을 재건할 정도로 음악에 대한 열정이 뜨겁다. 세계 3대 오페라 극장으로 발돋움하게 된 것은 빈 필하모니 오케스트라를 지휘한 카라얀의 공로 때문이다. 뜻밖에 모차르트 탄생 250주년을 맞아 꿈에 그리던 그곳 국립 오페라 극장에서 한국 출신의 박미혜가 주연을 맡은 오페라를 감상하는 행운을 잡기도 했다.

시립 공동묘지에 고이 잠든 음악가들의 무덤도 관광명소로 각광받고 있었다. 예술의 천국답게 묘지도 아름다운 정원으로 꾸몄다. 국가에서 인정해 주는 사람들만 고이 잠든 무덤마다 인물 조각상이 빼곡해 음악박물관 같다는 느낌이 들었다. 하이든, 브람스, 모차르트, 그리고 음악가 중 유일하게 왈츠를 못 춘다는 요한스트라우스의 묘소가 이웃이었다. 31세에 요절한 슈베르트는 그의 유언에 따라 베토벤과 나란히 묻혀 이승에서 못한 정담을 저승으로 소풍 다니며 나누고 있었다.

동유럽에서 가장 아름다운 도시로 평가받는 빈은 옛 건물들을 새롭게 단장해서 산뜻함이 묻어났다. 사람들의 용모나 매너도 타 국민들보다 사뭇 세련돼 보였다. 도심을 흐르는 강 주변도 시멘트 구

시립 공동묘지의 음악가 무덤.

조물보다 친환경적으로 나무를 심어 자연미를 살렸다. 또 알프스에서 흘러온 청정수로 수돗물을 사용하기 때문에 다른 나라와 달리 식수 사정이 좋아 자연이 준 특혜를 누리고 있었다.

도심 한가운데 자리한 쓰레기 소각장과 열병합 발전소의 아름다운 벽화도 눈길을 끌었다. 국회의사당을 지나면 강(운하)의 좌측은 신도시로 빌딩이 많은 반면, 우측은 구도시로 오래된 건물이 즐비했다. 도심 구조가 링(반지)처럼 돼 있어 도심을 한바퀴 돌고 나면 원점이었다. 나폴레옹을 패망시킨 요한스트라우스행진곡에서 나오는 나벳소 장군의 동상도 눈길을 잡기에 충분했다.

동쪽의 제국을 의미하는 오스트리아는 예부터 강력한 절대주의 국가를 형성하여 동유럽과 소련 등 광활한 지역을 지배해 왔다. 그러다가 세계대전의 계속된 패전으로 국토가 4분의 1로 줄고 미국을 비롯한 4대강국에 의해 분할 점령되었다가 1955년 조약에 의거, 영세 중립국으로 독립한 뒤, UN에 가입하는 등 우여곡절이 많은 나라였다.

한국과의 인연은 땅굴 파는 기술이 좋아 한국의 남산1호 터널 공사와 북한 땅굴파기에 기술을 제공하기도 했다. 한국인들이 광부나 간호사로 독일에 갔다가 빈에 정착한 사람들도 많다. 또 이승만 대통령의 부인 프란체스카 여사가 그 나라 출신인데 호주 출신으로 착각한 사람이 많아서 '노 캥거루 오스트리아'를 강조한다는 우스개가 있다.

오스트리아 경제는 괄목할 만한 발전을 하고 있었다. 주요산업의 근간을 이루고 있는 건설업, 금융. 보험업과 알프스 등 자연환경을 바탕으로 한 관광산업이 GDP의 5.5%로 OECD 국가 중 최고를 자랑했다. 다국적 기업이 없는데도 국민 1인당 소득이 35,000달러로 세계 10위권에 이를 정도로 부강한 이유는 의학, 물리학, 화학, 경제학 분야 등 노벨문학상을 16명이나 수상할 정도로 기초과학과 의학 등의 기술집약형 고부가가치 산업과 기술력을 보유하고 때문이다.

오스트리아는 EU(유럽연합)의 동유럽 확대와 함께 역사적, 지리적으로 인접한 1만2천 개 기업이 동유럽으로 진출해 세계 5번째 투자국임을 자랑했다. 게다가 2천 개의 호수가 산재해 자연경관이 수려하고 목축업의 발달로 양털로 만든 옷이 매우 유명했다. 또 신의 축복을 받은 나라답게 태풍, 지진, 가뭄, 산불 등 자연재해가 없는 나라로 음악, 문화, 예술의 천국, 와인의 천국으로 불리는 데 손색이 없었다.

(2006. 9. 7)

동유럽을 지배한 나라
– 오스트리아기행 2

오스트리아로 가는 고속도로변엔 바람이 풍차들을 열심히 돌리고 있는데 두 대는 게으름을 피우고 있어 「개미와 배짱이」 우화가 연상됐다. 한국과 무비자 협정 때문인지 코리아란 말을 듣기가 무섭게 국경을 통과시켜 줬다. 국력신장의 덕을 톡톡히 본 셈이다. 소나기 한줄기가 쏟아지더니 무지개가 동녘 하늘을 아름답게 수놓았다. 불현듯 유년시절 비 갠 뒤 하늘을 수놓은 무지개를 쫓아가다가 물웅덩이에 빠져 허우적거렸던 추억이 떠올랐다.

빈을 대표하는 슈테판 성당은 고딕 양식으로 도시 중심부에 우뚝 솟아 길잡이 역할을 했다. 다른 성당은 첨탑이 두 개인데 비해 한 개라서 특이했다. 모차르트 결혼식과 장례식이 치러진 곳으로 예수 이후 처음으로 순교한 슈테판의 고귀한 뜻을 기리는 곳이다. 12세

볼프 강 호수.

기 중반에 건축을 시작해 로마네스크 양식으로 완성됐다가 고딕 양식으로 재건했다. 지하무덤에는 역대 황제들의 장기를 비롯하여 흑사병으로 사망한 2백 명의 유골이 전시돼 어쩐지 으스스한 느낌이 들었다.

쉔브른 궁전은 유럽에서 가장 호화롭고, 단두대의 이슬로 사라진 마리아 테레지아의 궁전으로 외관도 아름답지만 내부 장식과 진귀한 보물들이 많아 눈길을 끌었다. 그 화려함과 정원의 아름다움이 베르사유를 능가했고, 궁전 내부의 1,440개 방에는 18세기 테레지아가 수집한 호화로운 자기와 칠기 가구, 회화 등이 가득해 나라의 융성함과 함께 여왕들의 사치가 극에 달했음을 대변해 주었다.

왕자의 사냥터와 언덕에는 글로리에테 승전기념비가 홀로 외롭게 서 있다. 일직선으로 반듯하게 조경한 큰 나무숲은 왕에게 절대 복종할 것을 은연중에 내포하고 있는 성싶다. 박물관 천장엔 왕의 결혼식과 대관식에 참석한 수많은 하객들을 입체적으로 묘사했는가 하면 전쟁에 패해 많은 땅을 빼앗긴 비운의 왕 흉상이 있어서 보는 이들의 마음을 애잔하게 했다. 회의시간보다 춤추는 시간이 더 많았던 회의실엔 98개의 촛대와 샹들리에가 휘황찬란했다. 예나 지금이나 부패와 사치가 망국의 단초였다. 또 황제가 자기 큰딸을 나폴레옹에게 정략적으로 결혼시켜 살게 했던 방을 보니 권불십년이란 단어가 떠올랐다.

세계문화유산으로 지정된 중세도시 체스키의 크롬로프 성은 웅장함을 뽐냈다. 신시가지에서 성문을 들어서면 큰 냇물이 구시가지를 U자처럼 휘돌아 흘렀다. 이 때문에 크롬로프란 이름을 얻었다. 망토다리 건너 구시가지는 예부터 양조업이 발달해서 맥주를 제조해서 판매하는 상점이 많았다. 도시의 건물마다 건축년도와 보수년도를 자랑스럽게 써놓은 건축문화가 한없이 부러웠다.

광장 앞에는 조각상과 흰색의 구시청 건물이 서 있다. 체스키도 페스트를 예방하기 위해 세운 마리아타운은 2차대전 때 군대 막사로 사용돼 오다가 지금은 호텔로 변했다. 곰 사육장을 지나 높은 종탑을 오르니 구시가지와 휘도는 강물 등이 한눈에 잡혔다.

할슈타트 잘츠 감머굿의 볼프 강 호수는 오스트리아에서 네 번째로 크며 알프스의 빙하가 녹아 흘러온 청정유수였다. 호수 옆 산정에는 패러글라이드장과 오락시설이 많아 케이블카가 분주하게 오르내렸다. 맥주와 쇼팽보드카로 한껏 분위기를 돋우며 유람선에 몸을 싣고 호수를 건넜다.

오스트리아의 옛 수도인 멜크는 옛 영화는 간 곳 없고 한적한 시골 마을로 변해 수도원들만 진을 치고 있었다. 가장 규모가 크고 웅장한 멜크 수도원은 귀족과 왕들이 묵었던 곳으로 수도사들이 적어 놓은 계율이 빼곡했다. 가장 눈길을 끄는 것은 전쟁 때 피난가면서 진귀한 보물을 육중한 쇠 상자에 넣고 자물쇠를 수십 개나 만들어 열지 못하게 했으나, 하나의 열쇠 비밀만 알면 신기하게도 모든 자물쇠가 스르르 열렸다. 해 뜨는 동쪽과 서쪽은 해지는 곳으로 구분하여 건물을 배치한 점도 특이했다. 학교가 없는 수도원은 예전에 모두 폐쇄되는 운명을 맞았으나 그 수도원에서는 지금도 많은 학생들이 공부에 여념이 없었다.

과학적으로 햇볕이 잘 들게 설계한 국가도서관에는 고서와 역사 문학 서적들이 많았고 외국인에게도 무료로 대여해 주었다. 바티칸 성당보다 규모는 작았지만 천정 벽화와 벽면의 금도금 조각품, 왕관과 십자가도 황금 등 내부 장식 등이 더 화려했다. 지붕의 전망대에서 바라보니 강물이 성당을 휘돌아가며 한적한 농촌마을과 울창한 숲이 어우러져 한 폭의 풍경화였다. 성당의 전면에 쓰인 "전쟁 없이는 승리도 없다."라는 글귀가 묘한 뉘앙스를 풍겼다.

(2006. 9. 7)

모차르트 고향 잘츠부르크

– 오스트리아기행 3

소금과 성을 뜻하는 잘츠부르크는 암염(岩鹽)의 생산지로 구시가지는 유네스코가 지정한 세계문화유산으로 유명한 관광지로 변모했다. 위대한 음악가 모차르트의 고향인 그 도시에서는 해마다 여름이면 유럽에서 가장 유명한 '잘츠브르크 음악제'가 열리며 전세계 음악인들로 성황을 이뤘다. 모차르트 다음으로 그 도시의 주가를 올려준 것은 영화 「사운드 오브 뮤직」이다. 영화는 해피엔딩으로 끝을 맺지만 사실은 1944년 미군 폭격으로 도시 전체가 파괴된 아픈 역사를 안고 있다.

야외무대가 있는 잘츠부르크 대성당을 들어서니 다른 성당과 달리 금장식이 없이 질박하고 고풍스러움이 묻어났다. 이탈리아 건축가 세 명이 13년 동안 지은 건물로 요한바오로 2세의 사랑받는 성

미라벨 정원.

당이다. 모차르트 시대에 만들어진 6천 가닥의 파이프 오르간의 소리가 웅장하고 콘서트 미사 사운드가 자랑거리였다. 예수 부활 성당으로 십자가 고난의 길이 있고, 성당 입구의 세 개 문은 믿음, 소망, 사랑을 상징하고, 입구의 조각은 베드로와 바울, 그 도시를 지킨 성인을 의미했다. 천년 넘은 유물들이 많은 그 성당은 크리스마스 무렵이면 그곳에 시장이 들어선다. 또 모차르트 가족이 세례를 받고 그가 빈으로 가기 전까지 음악활동을 했던 곳이다.

미라벨 정원은 18세기에 요한 피셔 폰 에를라흐가 꾸몄으며 그리스 신화의 조각상들과 꽃들이 매우 아름다웠다. 그곳은 영화 「사운드오브 뮤직」에서 마리아가 아이들의 손을 잡고 도레미송을 부른 배경으로도 유명했다. 시야가 탁 트인 정원과 분수가 시원스럽게 물을 뿜어대고 일주일마다 꽃을 바꾸는 등 관광객을 위해 온갖 정성을 쏟았다. 사치스러운 저택인 그 궁전은 17세기에 권력이 대단했던 볼프 디트리히 대주교가 사랑하는 여인 로메알트를 위해 세웠다. 그러나 화재로 현재는 큰 계단만 남아 있으며 대리석 방은 모차르트 일가가 대주교를 위해 연주하던 장소였다. 정문 맞은편에는 유럽에서 보기 힘든 로마네스크 양식의 베드로 동생 성 안드레아 성당이 자태를 뽐냈다.

잘자흐 강변 석회암 위에 세워진 대주교의 성으로 일컫는 호엔잘츠부르크 성은 17세기에 완성된 중유럽에서 보존된 성 가운데 가장 큰 규모였다. 시내를 한눈에 전망하기 좋은 곳으로 저 멀리 백년설을 머리에 인 알프스가 한눈에 잡혔다. 케이블 카를 타고 오르면 성 내부에는 박물관과 중세에 사용했던 대포가 위용을 자랑했다. 의식홀과 황금홀에 있는 1,500년 된 난로와 수동식 파이프 오르간은 하이든과 모차르트가 사용했다고 전해 온다.

모차르트 생가가 위치한 그 도시의 최대 쇼핑거리인 게트라이네도 볼거리였다. 세계 어디서도 볼 수 없는 2백 년 전의 예술적인 간판들이 눈길을 잡았다. 황색 건물 3층엔 모차르트가 1756년에 탄생한 곳으로 그가 썼던 바이올린, 낡은 피아노, 악본, 초상화, 편지가 전시됐다. 위대한 음악가들의 발자취가 수많은 관광객들을 몰려들게 하는 원동력이었다.

(2006. 9. 7)

묶음 3 – 중국 베이징, 상하이, 항주, 황산

베이징의 이모저모

– 베이징기행 1

(임실문협 2005년 하반기)

천진은 한국의 인천처럼 중국의 수도인 베이징 인근에 위치한 항구이자, 공업지대로 한국의 LG, 삼성 등 많은 기업들이 진출해 있어 전혀 외국이란 느낌이 들지 않았다. 그런데 공항을 나서자 숨이 막힐 듯한 무더위가 이방인들의 신고식을 받았다. 저마다 천국과 지옥을 오간 것 같다며, 애인 없이는 살아도 에어컨이 없으면 못 살겠다고 아우성이었다. 중국은 40도가 넘으면 휴무일이기 때문에 당일에는 39.8도쯤 적당히 발표해 놓고 며칠 지나서 정정 발표한다니 참 재미있는 나라다.

삼 년 전, 연변에서 북경으로 돈 벌려고 왔다는 가냘픈 몸매의 조선족 3세인 김향옥 가이드는 매우 상냥하고 친절한 아가씨였다.

그녀는 베이징에 있는 만리장성, 천안문, 자금성, 이화원 등 대부분의 유적들이 워낙 규모가 커서 두 발로 걸어야 하는 '노가다 여행'이라고 잔뜩 겁을 줬다. 아니나 다를까, 5일 동안 40도를 오르내리는 폭염속에서 아침부터 저녁까지 비지땀을 흘리며 발품을 실컷 팔아야 했다.

그녀는 중국 지형이 암탉 모양이라서 남자들은 집안살림을 하고 자기같이 기가 센 여자들이 돈을 벌어야 할 팔자라며 좌중을 웃겼다. 이 때문인지 대부분의 베이징 시내버스 운전기사도 여자였다. 차라리 아무데서나 웃옷을 벗고 꾀죄죄한 몰골을 한 남자운전자보다 깔끔한 여자운전기사들이 훨씬 나았다.

베이징은 눈부시게 발전하고 있는 반면, 연변에 사는 조선족을 비롯한 대부분의 인민들은 생활고를 견디다 못해 수도인 베이징으로 몰려들고 있어 오나가나 수도권 집중화 현상이 문제였다. 이 때문에 베이징은 4백만 명의 호적이 없는 유동인구처리 문제로 골머리를 앓고 있다. 그런 와중에서도 권력자와 부자들은 돈으로 베이징의 호적을 얻는 반면 인민들은 호적 얻기가 하늘의 별 따기라서 매년 거주증을 받아 베이징에 머무르며 물가고에 허덕이고 있다.

베이징에는 현대자동차, LG전자, 삼성전자 등 우리 기업들의 광고판이 즐비했다. 또한 한류열풍으로 한국 드라마가 방영되고 상해에서는 이영애의 인기가 하늘을 찌를 듯이 높았다. 글로벌 시대에 한국의 위상이 높아진 것을 실감했다.

정치 · 문화의 본고장인 베이징은 요나라 거란족 때는 영경, 금나라 여진족 때는 중도, 원나라 몽골족 때는 대도로 불렸고 명나라 때 베이징으로 바뀌었다. 원래 강소성 남경에 있었으나 명나라 4대 임금 때 옮겨와 오늘에 이르고 있다. 베이징은 과거, 현재, 미래를 오가는 것처럼 옛 건물과 고층 빌딩들이 혼재하였고 자전거, 리어카, 고급차와 헌차들이 한데 어울려 어지럽게 오갔다. 예전보다 자전거가 줄어든 대신 승용차가 무척 많아졌고, 교통체계도 2008 올림픽을 대비해서 8개 순환도로 체제로 바꿨다. 환경오염을 줄이기 위해 7천 대의 택시 중에서 일부를 새 택시로 교체하고 있었다. 택시 기본요금은 한국보다 비싼 반면, 주행요금은 너무 저렴해 인민을 배려하는 정부의 노력이 엿보였다. 그런데 승용차, 전자제품 값은 한국보다 비쌌고, 관세율도 고무줄처럼 이상하게 적용했다.

베이징 조양구에는 외국대사관, 고층건물, 대기업들이 몰려 있어 가장 붐볐고 LG쌍둥이, 삼성, 현대건물도 밀집돼 있었다. 그곳의 대원각 식당에는 진로소주와 교포들의 한글소식지인 벼룩시장과 베이징저널이 있어 반가웠다. 베이징의 가로수는 황사를 예방하는 백양목과 회화나무, 은행나무가 숲을 이루고 있었다. 공원과 거리에는 청소원들이 대기하고 있다가 쓰레기를 말끔하게 치워서 무척 청결했다. 반면 석회석 토질과 고비 사막에서 날아오는 황사 때문에 식수사정이 좋지 않고 공기도 무척 나빠서 오차를 마시거나 물병을 신주단지처럼 모시고 다녀야 했다.

게다가 아파트마다 여름에는 냉방, 겨울에는 히터로 사용하는 에어컨이 주렁주렁 매달려 기온상승을 부추겼다. 철길 없이 바퀴로 굴러가는 경전철은 시설이 낡았고, 가로수 밑으로 전선줄이 거미줄처럼 뒤엉겨 있어 매우 위태롭게 보였다.

북경 시내.

첫날 만찬은 북한 정부에서 운영하는 평양해당화식당에서 한정식으로 고국의 정취를 느낄 수 있는 기회를 가졌다. 공산당에서 선발해 온 한복을 입은 풋내기는 안내를 담당하고, 제복을 입은 미녀들은 삼 년의 경력자로서 손님을 접대했다. 두부쌈, 명태, 잡채, 부침개, 고기, 떡, 고등어조림 등이 입맛을 돋웠고, 미녀들이 따라주는 장뇌삼 술이 감칠맛이 있었다. 반면 잔뜩 기대했던 평양냉면의 맛은 별로였다.

꾀꼬리 같은 목소리로 미녀들이 번갈아 가며 「꿈에 본 내 고향」과 「울고 넘는 박달재」를 부를 때는 기립박수를 치고 구성지게 합창을 하며 타국에서 동족의 우의를 다졌다. 부디 남북통일이 돼서 그들과 함께 고국 땅에서 「아리랑」을 부르며 덩실덩실 어깨춤을 추는 그날이 하루빨리 오면 얼마나 좋을까.

(2005. 9. 23)

베이징의 이모저모
– 베이징기행 2

(임실문협 2005년 하반기)

베이징은 모두 천안문을 중심으로 이루어져 있고, 2층으로 된 건물엔 모택동 사진, 좌측엔 그의 시신과 유물들이 있는 기념관이 자리잡았다. 드넓은 광장에 몰려든 인파를 헤치고 지하도를 건너자 건물에 매달린 세계인민대단결을 촉구하는 표어와 입술 밑에 난 사마귀가 인상적인 모택동 사진이 눈앞에 다가왔다.

모택동 통치 때가 중국의 암흑기이자, 파괴기였음에도 불구하고 1972년 그가 사망하자 천안문 주변은 모택동기념관으로 탈바꿈했다. 지금도 인민 10억 명의 평생소원이 북경에 가서 모택동기념관을 참배하는 것이란다. 반면 신세대들은 기성세대와 달리 등소평을 숭상하는 추세라니 사회주의체제의 허구성을 서서히 깨닫나 보다. 신세대들은 지하철을 많이 이용하는 반면 기생세대들은 살아갈 날이 많은데 왜 땅地下鐵 속에 들어가야 하냐며 기피한다는 웃지 못할 에피소드도 있다.

중국인들 대부분은 평생 동안 세 가지를 해보지 못한 것이 있는데, 첫째는 중국 땅을 다 돌아보지 못하고, 둘째는 8대 음식을 맛보지 못하고, 셋째는 글씨를 다 배우지 못하는 것이라고 한다.

북경대학 의대 한방학부에서는 홍보 일환으로 교수들이 간호사와 함께 직접 관광객들을 진료와 마사지를 해주고 침을 놓으며 한약을 판매했다. 특히 티베트산 홍화씨와 영지, 동충하초가 비염과 기관지 등에 효험이 많아 등소평이 복용하고 93세까지 장수했다며 입에 침이 마르게 홍보에 열을 올렸다.

민속촌은 소수민족의 생활상과 각 민족의 전통예술. 문화를 재현했는데 이를 건축하는 데 애쓴 베이징 시장은 재물을 탐해 감옥살이를 하고 있다고 했다. 오나가나 부정부패가 말썽이었다. 청나라 때 왕들이 살았던 왕부정王府井 거리는 시장으로 변해, 갑부들의 백화점이 들어섰다. 왕천정이란 샘물도 유명했다.

저녁이 되자 그 거리는 온통 홍등으로 불야성을 이뤘고 노점에서 낙지, 전갈, 게, 과일, 순대 등을 팔며 영업을 했다. 경찰이 그들을 보호해 주고 있었으나 어쩐지 음식이 불결해서 먹을 수가 없어 구경만 했다. 건너편 사거리에는 LG이동전화 매장이 자랑스럽게 자리 잡고 있었다. 전주 고사동의 차 없는 거리처럼 백화점 주변은 사람들로 붐볐으나 한국과 달리 거리가 담배꽁초 하나 없이 깨끗했다.

베이징에서 한참 벗어난 곳에 있는 삼림국 제대주점은 당에서 운영하는 4성급 호텔로 금년 초에 준공돼서 건물이 깨끗하고 방이 넓었다. 그러나 욕조에서는 녹물과 모래가 나오고 욕실 바닥과 내부의 마무리 공사가 조잡했다. 냉장고도 텅텅 비어 4성급호텔이란 말이 무색했다.

천안문 광장.

천단공원은 명나라와 청나라 황제가 풍년을 빌며 천지신명에게 제사를 지내던 곳으로 수백 년 된 측백나무가 즐비했다. 음악을 틀어 놓고 스포츠댄스를 하거나 체조를 하는 사람이 많았다. 거대한 성벽처럼 담장이 쳐져 있고 건물이 장장 72칸이나 됐다. 천단은 매년 삼모작 추수 때마다 제사를 지낸 곳인데 현재는 보수 중이었다. 통로는 북쪽을 남쪽보다 높게 해 하늘로 이어지는 것을 형상화하였다. 중앙의 대리석 길은 옥황상제, 우측은 황제, 좌측은 황족, 양측 가장자리는 백성들의 통로였다. 나는 황제, 아내는 황후가 되어 그 길을 걸어가며 거드름을 피웠더니 사람들이 박장대소했다.

메아리처럼 말소리가 돌아서 들린다는 회음벽은 둥글게 타원형으로 둘러쳐져 있고, 중앙의 원형 건물은 위패를 모셔 놓았다. 양옆에 있는 동배전과 서배전에는 바람, 구름, 비, 땅, 하늘, 태양, 달, 별, 등의 신을 모셔놓아 특이했다. 중앙의 원형 건물은 옥황상제의 위패를 모셨고 난간엔 용머리 조각이 이채로웠다.

바야흐로 중국은 고궁과 유적지를 관광자원화하여 외화획득을 하고, 세계 유수기업들을 유치하여 공업입국으로 부상하고 있었다. 게다가 2008년 올림픽을 성공적으로 치르기 위해 베이징의 강철공장과 공해시설을 외곽으로 옮기고 도로와 항만 등 사회기반시설을 축조하느라 동분서주하였다.

그리고 세계 다섯 번째의 타워(405m)와 76층 빌딩을 신축중이며, 일자리 마련을 위해 도로포장, 건축, 청소 등을 기계가 아닌 수작업으로 전환하여 인민의 호구지책을 해결해 주고 있었다. 또 천명을 수용하는 식당을 운영하며 반드시 관광객들을 선물가게를 거쳐 가도록 설계해서 비단장사 왕서방의 상술을 어김없이 발휘하고 있었다. 그뿐인가. 그들은 외국인들을 당에서 운영하는 귀금속이나 실크공장을 반드시 거치게 해서 관광객들로 하여금 돈을 쓰도록 유도해 외화벌이에 올인하고 있었다. 이것이 바로 오늘날 중국이 세계 4위의 경제대국으로 성장하는 원동력이자, 세계의 이목을 집중시키는 고도의 전략이 아닌가 싶다.

(2005. 9. 23)

권력의 부산물 이화원

– 베이징기행 3

(전북문협 48호 2005년 겨울)

부랑아에서 일약 청나라 황태자의 어미가 되어 권력을 쟁취한 뒤 폭정을 일삼았던 서태후의 삶은 과연 행복했을까, 불행했을까.

황제였던 남편과 아들보다 더 권세를 부리며 국정을 농단했던 그녀의 여름별장 이화원에 들어섰다. 그 규모가 실로 엄청나 입이 다물어지지 않았다. 별장의 7할을 차지하는 곤명호의 흙을 파서 만들었다는 만수산을 바라보니 불현듯 노역으로 시달렸던 백성들의 환영이 어른거렸다.

기와지붕에는 풀이 수북했고 담장과 기와를 시멘트로 엉성하게 보수해서 귀중한 문화재들이 원형을 잃고 있어 아쉬웠다. 장승처럼 버티고 선 인수문人壽門과 수성문壽星門을 들어서자 서태후가 집정을 했던 인수전이 마중 나왔다. 마당에는 황후를 상징하는 봉황이 앞에 있고, 그 뒤에 황제를 상징하는 용을 배치해 놓아 그녀의 권세가 황제보다 강했다는 것을 은근히 내포하고 있었다. 인수전 왼쪽에는 바다처럼 넓은 곤명호에 유람선들이 유영했다.

그 오른쪽은 만수산이 우뚝 솟아 있고 산중턱엔 천수불상千手佛像이 모셔진 불전이 웅장하게 다가왔다. 건너편 섬의 용왕신을 모신 건물은 서태후 남편 광석황제가 학문을 닦던 곳이다. 광석황제가 서태후의 권세와 투기에 억눌려 은둔생활을 하다 38세에 요절한 비극의 장소였다. 몸통이 썩고 가지만 앙상하게 살아남은 노송들이 인간들의 권세가 부질없음을 말해주려는 듯 숨을 헐떡거렸다.

낙수당 앞에는 거대한 돌이 있고, 세계에서 가장 긴(728m) 회랑이 이어졌다. 유네스코 세계문화유산으로 지정된 회랑의 양측 벽과 천장엔 벽화가 가득했다. 그러나 그림이 모두 달랐고 저마다 이방인을 향해 팬터마임을 하고 있었다. 좌측은 곤명호, 우측은 정원수와 연꽃이 곱게 피었다. 회랑의 맨 끝부분에는 돌로 만든 배가 있는데 이를 구경하려면 편의점을 반드시 지나게 만들어서 차이나의 교묘한 상술에 혀를 내두르게 했다.

이화원은 중국에서 최대 규모를 지니고 있으면서도 정원으로서 완전한 형태를 잘 유지하고 있는 황족 정원이었다. 원래 북경 청의원이었으나 영국과 프랑스 연합군의 침공으로 원명원과 함께 소실되었다. 그 뒤 서태후가 해군 군비를 이용해서 재건하고 이름을 이

이화원.

화원으로 바꿨으나, 1900년에 또다시 연합군의 공격을 당하는 수모를 겪었다. 그녀는 서안에서 북경으로 돌아온 후에 다시 거대한 자금을 들여 복구에 나섰다. 서태후가 이화원에 이처럼 각별한 관심을 둔 목적은 피서와 요양 때문이었으며, 대부분의 시간을 그곳에서 보냈다. 서태후는 이화원에서 신하들과 국정을 논할 일이 많이 생기자 정원 앞부분에 궁전과 생활 거주지를 건축해서 궁전과 정원 두 가지 기능을 모두 갖춘 황족 정원으로 불렀다.

곤명호는 인공호수라기보다 차라리 바다로 표현하는 것이 더 어울릴 것 같았다. 겨울에는 얼음이 얼어서 스케이트를 즐기고 여름에는 보트와 유람선을 타고 뱃놀이를 즐긴다. 특히 동쪽에 있는 17공교의 난간에 새겨져 있는 544마리의 사자도 인상 깊다. 예전에는 곤명호를 안고 있는 만수산의 화려한 누각에서 이화원을 한눈에 내려다볼 수 있어 인기가 좋았으나 지금은 보수중이라 멀리서 바라보는 것으로 만족하고 아쉬운 발길을 돌려야 했다.

서태후는 내시인 원세계가 독일에서 들여온 승용차를 처음이자 마지막 탄 여자로도 유명했다. 자기가 황제보다도 더 권세가 높은데도 불구하고 차를 탈 때는 앞좌석에 운전사와 시녀가 타고 자기는 뒤에 타기 때문에 그것이 항상 불만이었다. 이를 눈치 챈 신하들이 운전사에게 무릎을 꿇고 운전하도록 하자 속도가 너무 느려 다시 가마를 탔다는 해프닝도 있다.

서태후는 무병장수를 위해 풍만한 가슴을 가진 여인들을 불러다 젖을 짜서 먹었다. 아이들이 목숨을 연명할 양식을 가로챘으니 사람의 피를 먹은 셈이다. 청나라 재정을 바닥내고 나라를 망하도록 원인을 제공했던 그 이화원은 권력이 낳은 사생아라는 생각을 떨쳐버릴 수가 없었다.

(2005. 9. 23)

만리장성, 그 세계에서 가장 긴 무덤
– 베이징기행 4

(임실문협 2005년 상반기)

작은 거인 등소평은 일찍이 "만리장성에 올라보지 않고서는 남자라 하지 말라(不到長城非好漢)."라는 어록을 남긴 바 있다. 나도 그 사나이의 대열에 끼려고 중국의 상징인 만리장성에 올라보니 과연 난공불락의 거대한 요새지라는 느낌이 들었다. 그런데 어느 날 만리장성을 넘어온 청나라에게 고스란히 명나라를 넘겨주고 말았으니 만리장성 축성에 심혈을 기울였던 진시황제는 과연 무어라고 변명했을까.

춘추전국시대에 일곱 나라가 국경에 성벽을 구축한 것을 필두로 진시황제가 천하통일을 한 뒤 완성한 만리장성은 이천여 년의 세월이 흘렀다. 중복된 부분까지 합치면 실제로 아홉 개 성에 걸쳐 있는 1만2천5십리(5천km)로 그 규모가 엄청났다. 북방의 유목민족들이 물산이 풍부한 남쪽의 농경지대로 진출하기 위해서는 반드시 만리장성을 통과해야 했다. 따라서 만리장성은 군사적 침략을 막기 위한 방어막인 동시에 유목민족과 농경민족의 문화를 구분하는 경계선이라는 느낌이 들었다.

진시황제는 통일의 전리품인 포로와 주변 국가의 조공이 많아서 성을 쌓는 것이 퍽 유용했기에 더 만용을 부렸는지도 모른다. 그는 또 신하 노색에게 불로초를 구해 오라는 명을 했으나 한 도사가 준 부적만 가져왔기에 들여다보니 '호에' 가서 망한다고 쓰여 있었다. 글씨는 다르게 쓰고 발음은 같게 쓴 그 도사의 풍자가 적중했는지 '호혜'라는 이름을 가진 그의 아들이 결국 나라를 망하게 했다.

진시황제는 그의 폭정에 시달린 백성들의 원성이 높아지자 말년에 민정을 살피러 사천성에 갔다가 불귀의 객이 되고 말았다. 더욱 가관인 것은 동행했던 신하들이 권세를 유지하려고 총명한 진시황제의 장남보다 망종인 둘째아들로 하여금 대권을 승계토록 황제의 유언을 조작해서 결국 나라가 망하고 말았다. 권불십년이란 말을 입증한 셈이다.

깎아지른 산등성이에는 만리장성이 끝없이 이어지고 그 아래는 기차가 달렸다. 네 개의 터널을 지나니 팔달령장성 표지판이 보이고, 북경현대자동차 광고판이 반갑게 손을 흔들었다. 팔달령은 사통팔달의 교통요충지였고 만리장성이 한눈에 잡혔다. 매표소 앞에는 한글로 무료화장실, 농산물판매를 알리는 표지판이 충동구

만리장성.

매를 유도했다. 몽골인들은 전통가옥인 '겔' 앞에서 말과 낙타타기 체험으로 관광객을 유혹하고, 인력거는 분주하게 손님을 맞고 있었다.

만리장성은 세계 7대 건축물로 꼽힐 정도의 세계문화유산으로 외화벌이의 일등공신으로 변모했다. 암벽 사이를 곡예하는 케이블카를 타고 올랐다. 터널을 지나 수많은 인파를 헤치고 가파른 성루에 오르자 모택동이 쓴 만리장성 기념비가 마중 나왔다. 중국인들은 만리장성의 가장 높은 봉우리의 높이가 887m인데도 888m로 고칠 정도로 8자를 좋아했다. 또 만리장성의 입장료를 받는 것도 모자라서 이곳에 오른 사람들에게 돈을 받고 등정기념 증명서를 발급해 주고 있어 상술이 고단수였다. 기념품 가게에 진열된 백두산 솔잎막걸리가 눈길을 잡으며 입맛을 돋웠다.

한치 앞도 볼 수 없는 오리무중이라 만리장성의 아름다운 모습을 사진에 담을 수 없는 것이 안타까워 발을 동동 굴렀다. 두 개의 성벽으로 축성돼 말 두 필이 동시에 달릴 수 있는 장성의 통로가 무척 과학적이었다. 흙을 다져 한 켜씩 쌓아서 바닥을 만들고 그 위에 돌을 다듬어 성벽과 돈대墩臺, 봉화대, 계단 등을 견고하게 축성한 자성이 무척 튼실해 보였다. 능선을 따라 깎아지른 듯한 벼랑 위에 축조한 장성을 바라보는 것만으로도 현기증이 날 지경인데 축성에 끌려가 노역에 시달렸던 백성들의 고통은 어떠했을까.

불현듯 죽어서 너부러진 백성들의 환영이 어른거리며 첫 관문인 맹강녀성의 애절한 사연이 머릿속을 맴돌았다. 홀아비였던 맹씨와 강씨가 키웠다는 맹강녀를 진시황제가 탐내자, 성을 쌓다가 죽은 남편과 백성들의 원혼에게 제사를 지내고 관문을 만들어주면 결혼하겠다고 거짓약속을 했다. 그 뜻을 이룬 그녀가 자결하며 남편 곁으로 돌아가자 사람들이 감동하여 맹강녀관으로 불렀다고 전해 온다. 때마침 그녀의 눈물인 양 안개비가 내리며 마음을 울적하게 했다.

아무리 흉노의 침입에 대비한 성이라지만, 너무 크고 웅장한 만리장성. 그러나 그 성을 넘어온 청나라에게 명나라가 꼼짝도 못했으니 아이러니가 아닐 수 없다. 만리장성은 진시황제가 권력과시를 위해 백성들을 수없이 묻어가며 쌓은, 세계에서 가장 크고 긴 무덤이라는 생각을 떨쳐버릴 수 없었다.

(2005. 9. 24)

서태후, 악녀인가 야심가인가

– 베이징기행 5

황제들이 마음대로 황후와 후궁을 둘 수 있는 것이 권력다툼의 빌미요, 단초였다. 당대 권세가로 소문난 서태후는 천민에서 일약 황태후가 된 야심가요, 악녀로 유명했다. 그녀는 산시성의 가난한 한인 농부의 딸로 태어나 어린 시절에 팔려서 북경에 온 뒤, 부랑아처럼 떠돌아다니다가 만주족 예흐나라 귀족 가문에 입양됐다고 한다.

우여곡절 끝에 십육 세 때 수녀로 발탁되어 구중궁궐로 들어간 뒤, 내관에게 뇌물을 주어 황제를 안을 수 있는 기회를 잡게 됐다. 게다가 황후와 후궁들이 낳지 못한 천금 같은 아들을 낳아 황태자에 책봉되었고, 자기도 태후로 책봉되는 영예까지 얻었다. 그러나 황제가 후궁들만 총애했기에 독수공방만은 피할 수 없었다. 서태후의 성정과 야심을 잘 알고 있는 황제가 그녀를 항상 견제했기 때문이다.

청나라가 도탄에 빠져들고 황제의 병세가 깊어지자 동태후에게 옥쇄를 주며, 태자의 생모인 서태후에게 사약을 내리라는 유언을 남기고 죽었지만 마음 약한 그녀는 어린 황태자의 가슴에 못 박는 행위를 차마 하지 못했다. 아무튼 함풍황제가 요절하자 청나라는 서태후의 손아귀에서 놀아났다. 동궁과 서궁의 두 태후가 수렴청정을 하였지만 동태후는 모든 정무를 서태후에게 맡기고 마지막에 검열하는 일만 했기 때문이다. 그것이 후일 천추의 한이 될 줄 누가 알았으랴.

서태후는 반대파인 숙순, 재원 일파들을 소탕하고 자신의 후원자인 혁흔을 정계로 등용했는데 서태후가 후궁시절부터 불륜을 맺었다는 소문이 파다하게 떠돌았다. 한번은 함풍황제의 사당에서 동태후보다 먼저 위패에 절을 하다가 문무백관들 앞에서 망신을 크게 당한 적이 있었다. 서태후는 그 빚을 꼭 갚아주겠다고 이를 갈았다. 설상가상으로 동치황제가 친어머니보다 더 따르던 동태후가 주선한 신부를 황후로 맞고, 서태후가 주선한 혜비는 후궁으로 삼게 되었다.

동태후가 추천한 신부가 자색이 더 곱고 착했기 때문이다. 그때부터 서태후는 황후의 트집을 잡아 꾸지람하기 일쑤였고 골육상쟁의 도화선이 됐다.

어느 날, 동태후가 몸져눕자 서태후가 궁녀와 계략을 꾸며 약사발을 건네며 거짓 졸도했다. 동태후가 놀라서 묻자, 궁녀가 "마마께서 탕약에 사람의 피를 넣어 달이면 효험이 크다기에 그 방법을 행하다가 그랬다."고 하자 크게 감동했다.

동태후가 병을 낫게 해 준 공을 갚기 위해 서태후에게 소원을 묻자 동태후가 가지고 있던 함풍황제의 유언장을 자신에게 달라고 애걸복걸했다. 마음 착한 동태후는 함풍황제의 옥쇄가 찍힌 유언장을 서태후에게 내주고 말았다. 그러자 이를 기다렸다는 듯이 동태후를 핍박하다 못해 결국은 죽음에 이르게 했다.

혜비의 고자질에 속은 서태후는 내관들에게 황후를 몽둥이로 때리는 만행을 저질렀다. 생모의 잔학성에 심한 스트레스를 받고 있던 동치황제는 급기야 미복 차림으로 사창가를 출입하다가 얼굴과 몸에 붉은 반점이 피고, 몰골이 흉측한 성병을 얻어 한 많은 세상을 하직했다. 황제가 성병에 감염이 되었다는 설과 천연두로 사망했다는 설이 분분했다. 서태후는 황후에게 누명을 씌워 자금성 은밀한 곳에 감금하고 음식을 주지 말라고 엄명했다. 황후는 친정아버지에게 구명요청했지만 비정하게도 거절당하자 그녀도 한 많은 생을 끊고 말았다.

한편 동치황제가 죽자 서태후는 혁현의 아들인 재첨을 옹립하여 부계로 왕위를 잇던 청나라를 모계 혈통으로 바꾸는 만행을 저질렀다. 새로 등극한 광서황제는 서태후의 하수인에 불과했다. 그녀의 폭정은 끝이 없었고 뇌물로 받은 비단 옷과 금은보화가 넘쳐났다. 그녀의 하루 식탁은 농민 몇만 명이 먹을 수 있는 양식이 투입될 정도로

풍성했고, 베이징떡과 자라탕을 죽을 때까지 머리맡에 놓아두고 먹었다. 광서황제가 폭정에 시달리다 못해 서태후를 폐하려다 오히려 뒤통수를 맞아 궁중에 유폐되는 어처구니없는 일이 벌어졌다.

서양의 여덟 개 연합국이 자금성을 침입하자 피난을 떠나던 서태후가 광서황제가 총애하는 진비를 우물에 빠트려 죽였다는 '진비정珍妃井'을 보니 서태후의 잔학성에 진저리가 쳐졌다. 진비를 잃고 상심한 황제는 1908년 병으로 북망산천으로 떠났다. 그런데 서태후도 황제가 죽은 지 하루 만에 한 많은 세상을 등지고 말았다.

지금도 서태후에 대해서는 여러 말들이 있지만 정확하게 밝혀진 것은 거의 없다. 다만 그녀가 세계 역사상 두 번 다시 없을 야심가, 혹은 악녀로 군림했다는 사실만 어렴풋이 짐작할 수밖에.

아무튼 그녀는 76세의 천수를 누리며 황제인 남편뿐만 아니라 황후와 아들과 며느리, 그리고 후궁까지 죽이는 잔악함을 보이며 덧없는 생을 마감했다. 그 뒤 마지막 황제 부의가 즉위하고 삼 년 만에 명나라도 멸망하고 말았다. 그녀가 죽기 직전에 '앞으로 절대 여자가 정사를 농락하는 일은 없어야 한다.'는 미묘한 유언을 남겼다고 한다. 인간은 누구나 죽음 앞에 서면 자기가 지은 죄를 뉘우치게 되나 보다.

(2005. 9. 24)

나라님들의 둥지 자금성

– 베이징기행 6

(행촌수필 8호, 2005년 하반기)

드넓은 천안문광장을 지나 자금성으로 들어서니 불현듯 네 살바기 푸이가 청나라 마지막 황제로 등극했다가 신해혁명으로 삼년 만에 물러나는 안타까운 영화의 한 장면이 떠올랐다. 북경의 중심에 위치한 그곳은 중국인들에게는 고궁이라는 이름이 더 친근했다. 이름이 독특해서 황제가 사는 자궁紫宮과 같은 금지구역이라 백성들이 함부로 들어갈 수 없다.

자금성은 수도를 남경에서 북경으로 옮기면서 14년에 걸쳐 1백만 인부가 동원돼 8백여 개의 건물이 건축됐다. 기둥 네 개가 하나의 방으로 구성됐는데, 방이 무려 9999개나 되었다. 세계에서 가장 큰 고대 궁전 건축물로 한국의 고궁은 감히 비할 바가 못 됐다. 560년 동안 열다섯 명의 명나라 황제와 아홉 명의 청나라 황제가 일생을 보내며 희로애락을 겪은 곳이다. 현재 105만 점의 희귀하고 진

자금성에서 황제 황후가 된 필자 부부.

귀한 문물이 전시·소장된 고궁박물원으로 면모를 갖췄다. 세계적인 문화공연도 종종 열려 시민의 휴식과 문화공간으로서도 손색이 없었다.

자금성의 앞면은 정치와 집무실, 뒷면은 침소와 궁녀, 내시 등의 거소인 외조와 내정으로 나뉘어져 있었다. 오문과 태화문을 지나자 '3전'으로 일컫는 태화전, 중화전, 보화전이 차례로 마중 나왔다. 내정에 이르자 건천궁, 교태전, 곤녕궁, 동쪽과 서쪽에는 각각 동육궁과 서육궁 등이 이방인을 맞았다. 방어 목적으로 궁전 밖에 높은 담장과 사방에 성루를 쌓고, 밖에는 호성 강이 유유히 흐르도록 해 저를 만든 것도 특이했다. 사면의 담에는 각기 문 하나씩이 나 있는데, 남쪽은 오문午門, 북쪽은 신무문, 동쪽은 동화문, 서쪽은 서화문으로 머리를 압도할 듯이 눈앞에 다가섰다.

첫 관문인 오문은 황제와 황후만 들어갈 수 있다. 나는 새도 떨어뜨린다는 권력과 부를 누렸던 서태후도 감히 뒷문으로 들어왔다는 일화가 있다. 태화문 돌계단을 오르자 안내도가 상세하게 그려져 있었다. 태화전, 중화전, 보화전은 황제가 집무를 보는 곳이며, 건청궁, 곤수궁 등은 침소였다. 태화전은 황후와 태자 책봉 등 국가대사를 정하던 곳이고, 건화전은 보수 중인데 양측 건물의 지붕이 주황색이라 특이했다. 건청문을 떠받치는 167m의 거대한 돌들은 땅을 파서 수로를 만든 뒤 겨울철에 수로에 얼음이 얼면 먼 곳에서 옮겨왔다니 그 수고가 얼마나 많았을까.

건청문 돌계단 중앙은 황제의 어가를 모시는 길이고, 양측은 어가를 맨 사람들의 통행로인데 돌에는 황제를 상징하는 용이 새겨져 있었다. 건청궁의 중앙에 정대광명正大光明이란 대형 현판 앞에 황제가 앉아서 신하들을 호령하던 옥좌가 옛 주인을 찾고 있었다. 중화전은 황제가 휴식하는 곳이고, 보화전은 삼 년마다 황제가 과거시험을 직접 주관해서 1, 2, 3등만 임금이 걷는 어도를 걷고 이화원을 돌아볼 수 있는 특권을 주었던 곳이다.

교태전은 황후의 생일을 쇠거나 명절 때 손님을 맞는 곳이고 건청궁의 황후 침소에는 침대 옆에 끈 두 개가 매어 있었다. 이는 전족纏足 때문에 발이 작아 그 끈을 잡아야만 일어날 수 있기 때문이다. 전족은 궁녀가 작은 발로 춤을 추는 것이 예뻐서 미의 상징으로 발을 동여맸는데 대부분 사람들은 여자가 도망가지 못하게 전족을 했다고 잘못 알고 있다.

보수중인 교태전은 황후의 의자가 쓸쓸히 자리를 지키고 있었고 곤수궁은 황제와 황후의 침소에 축복을 의미하는 희囍자가 새겨져 있었다. 자금성을 꼼꼼하게 살펴보려면 하루가 걸리고 가로질러 가는데도 두 시간이 걸릴 만큼 드넓었다. 주마간산 식으로 둘러보고 나오자 애정수로 불리는, 오래된 측백나무 한 쌍이 서로 손을 잡은 형상을 하고 있었다. 그 뒤편 돌 위에 건축한 누각은 황제가 조망하는 곳으로서 일반인에게는 9월 9일에만 개방된다고 한다.

자금성의 끝 관문인 신무문을 나서자 저마다 무더위에 걸어다니느라 힘들어서인지 옷들이 땀에 흠뻑 젖었다. 특히 여자들의 각선미가 다 드러나 몹시 민망했다.

자금성 뒤에 자리한 경산공원은 1959년 개방된 황제공원으로 건물 앞마당엔 연꽃, 그 뒤엔 황제가 조망을 즐기던 어망루가 있었다.

작은 나무에 석류가 주렁주렁 열려 가을 분위기가 물씬 풍겨났고, 대나무와 측백나무 숲의 계단을 오르면 나무마다 고수古樹라는 표지판을 박아놓아 나무들의 신음소리가 진동했다. 역사말살정책으로 후궁을 헐어내고 만든 정상의 누각에 올라섰다. 우측엔 두 개의 굴뚝과 하얀 기와지붕이 있는 등소평의 집이 내려다보였다. 그리고 베이징 시내와 천안문, 자금성 등이 한눈에 잡혔다. 불당에 모셔진 부처님은 백성을 괴롭히던 폭군들의 업보를 속죄하는 성싶다.

가이드의 권유에 따라 우리 부부도 명나라 황제와 황후가 입던 옷을 빌려 입고 옥좌에 앉아 사진을 찍었으나 영 안 어울렸다. 문득 1988년 베르나르도 베르톨루치의 영화 「마지막 황제」의 장면들이 뇌리를 스쳤다. 네 살에 등극해서 삼 년 만에 물러나 한 많은 삶을 살다가 간 푸이의 생애도, 부귀영화를 누리다 사라져간 황제와 황후들의 삶도 모두 부질없다는 생각이 들었다. 어쩌면 권세를 쟁취하거나 이를 지키려고 애간장을 다 녹이는 나라님들보다 우리부부가 더 행복하려니 싶다.

(2005. 9. 25)

용경협과 황제의 장릉

– 베이징기행 7

명나라 열세 명의 황제가 묻힌 장릉은 차라리 거대한 궁전이라 해야 옳을 성싶었다.

황제도 말에서 내려서 걸었다는 하마비下馬碑 주변은 1950년부터 인민들에게 땅을 불하해서 포도나 복숭아 등의 과수원으로 변해 있었다. 무덤이라기보다 거대한 성벽과 고궁을 연상케 하는 장릉은 세 개의 아치문 중 우측의 두 개는 입구, 좌측 한 개는 출구였다. 이곳도 어김없이 관광객들로 발 들일 틈이 없었다.

정문을 들어서자 오래된 소나무 · 전나무가 잘 가꾸어진, 넓은 정원의 두 번째 건물엔 '능사稜思'란 현판이 걸려 있고, 우측은 비문이 있는 건물이 버티고 있었다. 세 번째 건물은 길이가 80m는 족히 되어 보였다. 아득히 높다란 곳에 영은전이란 현판이 아슬아슬하게 걸려 있다.

육십 개의 원목으로 된 거대한 기둥이 천장을 떠받치고 있었다. 낙서 방지를 위해 기둥마다 플라스틱 보호막을 씌워 놓았다. 기둥 하나를 재어보니 둘레가 4m가 넘었고, 수로를 뚫어서 하남성과 베이징을 거쳐 이곳까지 옮겨왔다고 한다. 그 위용에 놀랐다. 얼마나 많은 백성들의 피땀이 배어 있을까.

정면엔 황제상이 안치돼 있고 내부에는 황금그릇과 도자기, 옥제품 등이 많았다. 계단을 힘들게 올라서면 중앙에 성이단문황제지능成而旦文皇帝之陵이란 비문이 옥황상제처럼 버티고 서 있었다. 그 뒤로는 숲이 무성한 동산이 있는데 이곳이 바로 장릉이다. 이를 개발하려고 했던 관리가 탄핵을 받아 죽은 뒤부터 황제들의 영혼에게 저주를 받을까 봐 모두가 발굴을 망설인다고 한다. 문득 판도라상자가 연상됐다.

문화재 보수비용과 전문가가 없어서인지, 건물들을 누더기 깁듯이 엉성하고 조잡하게 보수해 놓아 그 원형을 잃어가고 있었다. 반면 깨끗한 정원에는 쓰레기나 담배꽁초를 구경할 수가 없고 노송을 나무 색깔로 받침대를 만든 점이 맘에 들었다. 회장실은 깨끗했으나 시설이 낡아 냄새가 진동했다. 건물 하단 난간의 용 조각과 노송들이 용틀임하듯 꿈틀거렸다. 소나무 껍질도 용의 비늘을 닮아 황제나 임금을 용으로 숭상하는 동양 사람들의 마음과 일맥상통함을 알 수 있었다.

용경협.

이번에는 장릉을 나와 베이징의 계림으로 불리는 용경협으로 향했다. 들녘엔 해바라기, 옥수수, 콩 등이 무럭무럭 자라고, 용경협 입구에는 노점상들이 밀짚모자, 묵주 등을 팔면서 호객을 하느라 아우성이었다. 매표소를 지나니 홍등이 상가 양측으로 걸려 있고 용경협 표석이 이방인을 맞았다.

모노레일 옆으로 우뚝 솟은 산의 협곡을 막아 거대한 댐을 축조했는데 '수류3천척'이란 흰 글씨가 보였다. 실제로 이곳의 제일 깊은 수심은 무려 70m나 된다고 한다. 우측에는 승천을 준비하는 용 형상이 노려보고 있었다. 용의 입을 들어서니 꼬리 부분까지 여섯 개의 에스컬레이터가 연결되어 있어 편하게 댐의 상부로 올라갔다. 거대한 협곡에 막아 놓은 댐의 건너편에는 케이블카가 설치되었다. 용경협을 가는 길은 에스컬레이터, 모노레일, 케이블카 등 세 가지 방법이 있었다. 선착장에서 배를 타고 검푸른 협곡을 향하노라니 깎아지른 기암절벽과 울창한 숲이 어우러져 점입가경이었다. 그동안 당의 고위직만 여름피서지로 이용해 왔으나 1984년에 관광지로 개방되어 여름에는 피서지로 겨울에는 얼음축제로 명성이 자자했다.

강택민을 비롯한 중국의 유명인사들의 글씨가 수려한 암벽마다 새겨져, 북한의 김일성을 찬양하는 글씨로 오염된 금강산이 연상됐다. 금강산의 축소판처럼 수려한 곳에 닿으니 금강사란 사찰이 있었다. 까마득하게 높은 협곡 위에 번지점프대가 설치돼 있었다. 협곡에 가로매어 있는 줄을 타고 오토바이나 자전거묘기를 부린다니 생각만 해도 오금이 저린다.

우측 선착장엔 자은 보트가 있고 투망을 던지거나 낚시하는 사람도 있었다. 협곡이 마치 용틀임하는 것처럼 굽이치며 물비린내가 물씬 풍기는 곳에 이르자 수심이 낮아 배를 되돌렸다. 변산의 채석강처럼 단애를 이룬 계곡이 아름다웠지만 일부가 허물어져 내리고 있어 안타까웠다. 개발이라는 미명 아래 인간의 발길이 닿는 곳이면 필연적으로 자연이 훼손된다는 것을 또다시 입증한 셈이다.

(2006. 9. 23)

중국의 신천지 상하이

– 상하이기행 1

상하이의 어머니 강으로 불리는 황포 강은 누런 바닷물이 넘실거렸다. 해안을 따라 조성된 거대한 공업단지를 조성한 것도 모자라서 포동 공항 건너편에 현 공항보다 네 곱절이나 큰 세계 제일의 공항을 건축하고 있는 중국의 저력이 놀라웠다. 게다가 상하이는 중국 제2의 도시로 2,500만 명의 인구를 가진 공룡도시인데다, 세계 제일의 경제도시를 지향하고 있다.

반면 하드웨어는 세계 1위를 지향하고 있으나, 소프트웨어는 하위 수준으로 포동 공항은 편익시설이 부족하고 입국수속이 만만디였다. 거리엔 고급차량, 자전거, 오토바이, 노점상 등이 한데 어우

상하이 황 포강.

러져 뒤죽박죽이었다. 허름한 원주민 아파트는 승강기도 없고 습기가 많아 베란다에 긴 장대를 세워 빨래를 주렁주렁 매달아 놓았다. 또 40도를 오르내리는 무더위 때문에 마누라 없이는 살아도 에어컨 없이는 못 산다며 한국의 삼성과 LG에어컨을 창문에 새장처럼 매달아 놓았다. 올 2월 내륙지방의 폭설로 전기가 부족해 상하이의 백미인 야경도 구경할 수 없어 아쉬웠다.

1990년부터 간척지와 농경지를 개발해 황포 강을 중심으로 상해의 구도심을 포서浦西, 신개발지구를 포동浦東으로 부른다. 101층 빌딩과 하늘을 찌를 듯 숲을 이루는 25층 이상 건물이 3천 개가 넘어도 도시 미관을 위해 동일한 모델이 없도록 설계된 점은 우리가 본받을 점이다.

5백여 개 기업이 입주한 포동은 항상 외국인으로 붐비고, 50개국의 금융기관이 몰려 있었다. 또한 세계 유명제품의 승용차의 집합소로 상하이에 현지공장을 갖고 있었고, 차량이 많아 교통통제 수단으로 승용차보다 번호판 사는 게 힘들게 한 정책도 특이했다.

정치는 사회주의, 경제는 자본주의, 국민의식은 자기중심주의로 편하게 살아가며, 우리나라와 달리 검소하기 때문에 옷차림으로 빈부나 지위를 평가하는 것은 절대 금물이었다. 금전이 노출되는 것을 싫어해서 은행에 저축하지 않고 집안 금고에 꼭꼭 숨겨 놓기도 한다.

다른 도시와는 색다른 문화를 접할 수 있고 다양한 볼거리, 먹을거리, 놀거리가 많아 관광객으로 인산인해를 이뤘다. 천편일률적인 축제와 관광상품, 바가지 상혼으로 관광객을 내모는 한국과 대조적이다.

아시아 최대의 해양수족관, 종합문화공간 상해동물원, 골동품마니아의 천국 골동품시장, 다윤로의 문화거리가 볼거리였다. 세계명품자동차들이 모두 모여 상하이신국제전람센터에서 개최되는 상하이모터쇼는 한국을 비롯한 세계 자동차회사 1300개가 몰려들어 성황을 이뤘다. 2020년이면 미국을 제치고 세계최대자동차 대국으로 부상할 것이라는 자동차업계의 의견도 예사롭지 않았다. 또한 명품아울렛타운은 해외명품 브랜드와 중국의 일류상품을 집합해 야외로 옮겨놓은 명품백화점으로 패키지관광코스로 각광받았다.

하늘을 찌를 듯한 120층의 빌딩이 자리잡은 와탄은 상하이의 상징이자. 현대역사의 축소판이다. 동방명주탑은 상하이의 월스트리트라 할 수 있는 푸동의 방송수신탑(468m)으로 아시아 최고, 세계

세 번째로 높다. 상하이는 호주 시드니 항구처럼 아름다움은 없으나, 동방명주탑 전망대에서 유유히 흐르는 황포 강과 상하이의 빌딩숲을 바라보는 맛이 인상적이다. 1930년의 상하이를 재현한 원형 석축건물로 된 인민광장에 있는 상하이박물관의 진귀한 그림과 도자기 등도 볼거리였다. 상하이의 먹을거리는 살이 꽉 찬 암게와 독특한 맛을 내는 수게를 안주삼아 소홍주를 곁들이는 게 최고였다.

강택민이 상하이에서 가장 아름다운 정원이라 칭송하며 일필휘지한 해상명원도 눈길을 잡았다. 명나라 때 반윤달이 부모를 기쁘게 해드리기 위해 18년 간 공들여 만들었으니 효자정원이 아닌가 싶다. 베이징의 정원은 광대하고 웅장한 반면 상하이 정원은 규모는 작으나 아기자기함을 갖추고 있었다.

상하이를 가로지르는 황포 강 동쪽의 포동지구는 동아시아의 최대 금융, 무역항인 홍콩에 버금가는 국제도시로 떠오르고 있었다. 중국의 정치 중심은 베이징, 경제중심은 상하이로 불릴 만큼 최대 공업도시와 금융과 무역도시로 비약적인 발전의 가도를 질주하는 상하이를 또 다른 안경을 쓰고 바라봐야 했다.

468m의 동방명주탑 전망대는 관광객이 너무 몰려 4년 만에 건축비를 뽑았다고 한다. 와탄은 음식의 본고장답게 음식 맛이 최고였다. 고층 건물들이 지하수를 너무 많이 사용해서 일 년에 7cm씩 땅이 내려앉자 공원을 많이 만들고 지하에 물을 채우는 실정이란다. 황포 강변 양측에는 높은 빌딩들이 서로 하늘을 찌를 듯이 키재기를 하고, 가오리연 하나가 나비처럼 빌딩숲을 춤추며 내려왔다.

(2007. 10. 31)

상하이, 그 항일역사의 거점
– 상하이기행 2

우리 민족 해방운동의 거점이자, 항일역사가 깃들었던 상하이는 서구적 감각과 세련미를 간직한 국제상업도시로 탈바꿈했다. 또한 영국에 의해 중국 최초로 개방된 항구도시에서 동양 제2도시 홍콩을 꿈꾸는 세계경제중심도시로 부상하고 있었다.

국·내외에서 3·1운동이 범민족운동으로 요원의 불길처럼 타오를 때 우리 민족 해방운동의 거점이었던 상하이 대한민국임시정부 건물을 찾아 나섰다. 플라타너스와 전신주의 전선이 길 양편에 어지럽게 늘어서 있는 후미진 골목에 들어선 대한민국 임시정부 유적지 간판과 허름한 청사를 보니 가슴속에서 뭉클한 감정이 솟구쳐 올랐다.

삐걱거리는 계단과 좁은 통로, 허술한 집기, 빛 바랜 대형 태극기와 독립운동가들의 사진을 대하고 보니 더욱 가슴이 아렸다. 그나마 그동안 방치되었던 독립운동에 대한 자료들을 모아 1990년 복원한 것이 그 정도라고 했다.

양심건국을 주창한 김구 선생이 1919년부터 7년 간 집무했던 모습, 그리고 임시정부 애국단원 윤봉길과 김구 선생의 사진과 편지지에 쓴 글귀들이 눈앞에 다가왔다. 광복군 훈련 발대식 장면들의 인물들도 사진 속에서 만났다.

청사 건너편엔 베이징 올림픽을 대비해 포클레인이 건물을 헐어내고 신도시 개발이 한창이었다. 중국정부와 현재의 장소에 임시정부를 존치키로 약속했다고 하나 언제 이전하게 될는지 모를 일이다. 어쩌면 문화유산은 원래의 모습을 복원하여 보전하는 것이 좋다는 의견도 있다. 그런 의미에서 경복궁을 4분의 1이나 헐어내고 지었던 조선총독부도 후손들의 역사적 경작심을 위해 그대로 보전했어야 옳았다.

무거운 발길을 뒤로하고 임시정부 청사를 벗어나니 번화가에 삼성광고판이 자랑스럽게 서 있어 위안을 주었다. 흰 건물의 상하이 시청은 세계 건축가들의 작품 1백여 점을 전시했으며, 인민광장 지하에는 세계에서 가장 큰 주차장과 1910년 영국의 경마장이 마중나왔다.

고가도로에서 본 101층의 건축물은 국제금융센터로 일본이 투자했는데, 건물 가운데를 일장기처럼 구멍을 뚫었다가 건축허가가 나지 않자 설계를 변경했다는 말에 고소를 금치 못했다.

상하이 임시정부.

아무튼 상하이와 중경 등으로 10여 번이나 옮겨다녀야 했던 임시정부 청사는 또다시 옮겨야 할 운명에 처했다는 생각을 떨쳐버릴 수가 없다.

2008년 베이징올림픽 도시정비 계획으로 그 주변 건물을 모두 철거하고 임시정부청사만 보전키로 했다는 중국의 약속을 얼마나 믿어야 할지 모르겠다.

자꾸만 동북공정의 일환으로 우리 땅을 자기네 영토라고 우기는 중국이 얄미운 행위가 머릿속을 어지럽게 했다. 차라리 범국민모금운동을 벌여서 상하이 신개발지를 구입한 뒤 임시정부 청사를 건축해서 영구히 보전하는 방안을 강구해 보는 게 어떨까.

(2007. 10. 31)

천하제일 명산, 황산

– 황산트래킹 1

"태산 · 화산 · 형산 · 항산 · 숭산의 오악을 본 사람은 평범한 산은 눈에 들지 않는다. 그러나 황산을 본 사람은 그 오악도 눈에 차지 않는다."

명나라 지리학자 서하객이 30년 간 중국을 두루두루 섭렵한 뒤 황산을 극찬한 말이다.

예부터 황산의 삼기三奇는 기암절벽과 어우러진 기송奇松, 만물상 같은 기암奇巖, 낙락장송과 기암절벽이 어우러진 운해인데, 여기에 온천을 더하면 사절四絶이다.

이백이 절경에 취했다는 황산의 돌계단은 모두 14만 개라고 한다. 황산은 운곡사에서 백아령으로 걸어 올라야 하나 시간 절약을 위해서 케이블 카를 이용했다. 그런데 수많은 탐방객 사이를 분주히 오가는 황산의 짐꾼들은 케이블카를 타지 않고 콧노래를 부르며 힘든 돌계단을 오르내렸다. 인민들의 호구지책을 면해 주기 위해 채용한 환경미화원들도 등산로를 분주히 오가며 쓰레기를 수거하여 주변환경이 깨끗했다.

검은 호랑이가 웅크린 형상이라는 흑호송을 지나면 두 나무가 사랑하는 연인처럼 붙어버린 연리송이 안개비 속에서 악수를 청했다. 그 아름드리 소나무를 대나무 발을 엮어서 보호하는 관리자들의 마음이 아름다웠다.

이른 아침부터 탐방객들로 인해를 이룬 북해 호텔에서 조찬을 마치고, 발품을 팔면 웅장한 돔 형상의 광명정관측소가 머리를 압도할 듯이 다가왔다. 헬리포트와 암룡을 지나 황산의 제2봉인 광명정의 천문대에 닿았다. 그 옆엔 돌이 날아오른다는 비래석의 정상에는 초창기 휴대폰의 안테나처럼 돌기둥이 솟아올라 이목을 집중시켰다.

연꽃 형상의 제1봉인 연화봉(1860m)과 하늘에 닿을 듯한 제3봉인 천도봉, 천문대가 있는 제2봉인 광명정은 황산의 삼대 봉우리로 72개 봉우리들을 호령했다.

하늘의 바다로 일컫는 천해天海에서 신선이 구름바다를 거닐듯 서해대협곡으로 빨려 들어갔다. 기암괴석과 낙락장송이 어우러진 구름바다의 절경도 황산의 백미이지만 천길 바위절벽 난간에 수많은 인공계단을 만들었다는 게 불가사의이다. 또 아래를 내려다보면

황산.

현기증이 날 정도로 오금이 저리는 두 암봉에 동굴을 뚫어 오작교처럼 다리를 놓은 신비로운 모습에 감탄사를 연발했다. 그런데 인공으로 만든 수많은 계단과 동굴을 뚫어 봉우리를 연결했는데도 환경을 파괴했다기보다 오히려 장인정신의 혼이 깃든 예술작품으로 느껴지는 것은 왜일까.

천해에서 신선이 걸어다닌다는 보선교步仙橋로 이어지는 산봉우리의 까마득하게 높은 계단 길은 하늘로 날아갈듯이 솟구쳤다. 누운 돌이 하늘로 날아가는 구름을 가른다는 와석파운臥石파雲이라고 새긴 글귀가 주변경관을 잘 대변해 줬다. 서해대협곡의 명물 보선교를 건너면 조교암 하산길인데 우리는 서해대협곡의 진수를 맛보기 위해 직진했다.

깨끗한 서해대협곡휴게소에서 에너지를 충전하고 발품을 팔면, 암봉을 빙돌아 계단이 연결돼 있고 계곡 사이로 운해와 햇빛이 변화무쌍하게 오갔다. 망망대해에 떠 있는 바위 틈에 자란 낙락장송도 마중 나왔다. 휴게소 뒤의 동굴을 통과하면 계곡으로 뚝 떨어지는 경사길의 암벽에 붙은 인공계단이 떨어져 나갈 것처럼 자꾸만 불안해 보였다.

담력이 큰 천하의 산꾼들도 오금이 저린지 자꾸만 계단 안쪽으로 엉금엉금 기었다. 험악한 협곡지대이니 낙석을 조심하라는 표현이 적절했다. 협곡을 내려와 산정을 올려다보니 까마득했다. 산골짜기에서 거센 바람이 구름을 몰고 오더니 온산을 뒤덮자 그야말로 오리무중이었다.

겨우 협곡을 벗어나니 이번에는 내려온 만큼 급경사 오름길이 산객의 인내력을 시험했다. 우리 일행들도 지치서 선발대와 점점 거리가 멀어지고 동행하는 중국 대학생들도 지쳐서 힘들어했다. 가파른 계단은 두 개 암봉 사이를 직각으로 오르게 설계됐다. 능선에 올라 대협곡의 장관을 굽어보며 시원한 바람에 땀을 식혔다. 대협곡휴게소에서 2.6km 지점의 갈림길을 만나고, 가파른 암벽계단을 힘겹게 올라 대협곡이 한눈에 잡히는 조망대의 서해대협곡의 북쪽 입구를 지나 배운정에 닿았다.

아득히 높은 계단을 걷는 것조차 아찔하고 현기증이 날 지경인데 기암괴석의 난간에 기묘하게 계단을 축조하느라 얼마나 많은 백성들이 죽어 나갔을까. 진시황제가 수많은 백성들을 묻어가며 축조했던 만리장성에서 죽어간 원혼과 황산의 원혼들이 구천을 떠돌며 울부짖는 것처럼 귓가에 환청이 윙윙거렸다.

(2007. 11. 1)

하늘에 닿는 황산 천도봉

– 황산트래킹 2

황산 배운정 절벽 위 전망대는 서해대협곡을 조망하는 최적지로 대협곡을 중앙에 두고 두 개의 거대한 암봉이 서로 기기묘묘한 비경을 자랑했다.

그 맞은편으로는 아침에 거쳐 온 하얀 배구공 형상의 기상관측소가 정상에 자리한 황산의 제2봉인 광명정이 반갑게 손짓했다. 우측에는 구형 핸드폰의 안테나처럼 하늘 향해 솟아오른 비래석도 고개를 내밀었다. 배운정 앞 철망에 주렁주렁 매달린 사랑의 자물쇠는 연인 또는 부부들이 검은 머리가 파 뿌리가 되도록 해로하자고 언약하며 자물쇠를 채운 뒤 그 열쇠를 천길 낭떠러지 아래로

천도봉 정상.

던져버리는 풍속으로 백두산을 비롯한 중국 명산 협곡에서 흔히 볼 수 있는 진풍경이었다.

황산은 제1봉인 연꽃 형상의 연화봉이 자리한 중심부를 천해天海, 남쪽은 전해前海, 뒷쪽을 북해, 왼쪽을 서해, 오른쪽을 동해로 명명해 거대한 바다로 묘사한 지명이 흥미롭다. 신선과 선녀가 노닐 법한 구름바다를 머리에 인 황산의 변화무쌍한 비경 때문이 아닌가 싶다. 그 바다 중앙에 자리한 해심정海心亭은 오늘도 황산을 오가는 탐방객들을 말없이 지켜보고 있었다.

황산은 유네스코에서 지정한 세계문화자연유산과 세계지질공원으로 등록된 천하제일의 명산이었다. 그 명산의 진목을 두루두루 답사하기 위해 배운정에서 특공대 열 명을 뽑아 천도봉으로 내달렸다. 순식간에 백보계단을 지나 옥병루에 닿았다. 거대한 바위산이 머리를 압도할 듯이 다가오고 고산 특유의 운해가 산허리를 휘감았다. 황산을 찾는 손님을 친히 영접한다는 의미의 영객송迎客松을 포옹했다.

수령이 천년을 넘었다는데 아직도 그 기개가 늠름하고 싱싱한 가지를 독수리 날개처럼 옥병봉 절벽 아래로 뻗어 내렸다. 옥병케이블카장이 내려다보이고 옥병루 암벽에 수많은 글씨가 어지럽게 새겨졌다.

천도상점天都商店을 지나면 급경사 오름길에 거북바위가 마중 나오고 커다란 촛대바위는 하늘을 향해 치솟았다. 왼쪽엔 입 벌린 상어 형상의 바위가 다가오고 천상옥병교를 지나 석굴 사이로 등산로가 이어졌다. 구름 사이로 천도봉의 아름다운 풍광이 숨바꼭질하고, 천연바위를 쪼아서 만든 계단과 그 난간에 새겨진 뱀과 용의 형상이 길을 잡았다.

거센 바람이 산객을 날려버릴 기세로 불어대는 천도봉에 올라 표석을 반갑게 끌어안았다. 다행스럽게 거센 바람이 멎고 구름까지 벗어지며 황산의 높고 낮은 봉우리들이 한눈에 잡혔다.

발걸음을 재촉해서 옥병케이블카장에서 마지막 운행하는 케이블카에 간신히 올랐다. 자광각에서 오른쪽 등산로를 이용하여 월아정, 임마정, 발산사를 거쳐 천도봉으로 오를 수도 있다. 자광각에는 어둠이 내리기 시작하고, 하루 종일 황산의 돌계단과 씨름하느라 피곤했는지 나도 모르게 단잠으로 빠져들었다.

(2006. 11. 1)

제운산, 그 도교의 고장

– 황산트래킹 3

우주만물과 자연의 조화를 이끌어주는 중국 민속종교인 도교의 고장 제운산은 강남제일의 명산으로 그 명성이 자자했다. 게다가 기암괴석이 구름을 꿰뚫을 듯한 기세로 구름과 어깨를 나란히 한다는 제운산齊雲山의 이름도 범상치 않다.

예부터 제운산은 황산, 구회산과 함께 중국 환남(안휘성 남부)의 삼대 명산으로 도교문화, 마애석불, 월화가, 누상루, 운암호, 횡강, 남산 등 5대 명소가 볼거리다.

우뚝 솟은 봉우리와 아스라한 절벽과 암벽이 붉고 노을처럼 화려하며 샘물, 폭포, 운해, 호수 등이 어우러지고, 향로봉, 석교암, 팔선

중국 4대 도교의 명산 제운산.

동, 운암호 풍광도 마음을 사로잡았다.

유구한 역사를 간직한 제운산은 호북성의 무당산, 강서성의 용호산, 사천성의 청성산과 함께 중국 4대 도교 명산의 하나로 아사, 이백, 주희, 당백호, 서하객 등 역대 문인들이 남긴 수천 개에 달하는 마애석불, 비각, 글씨 등 그 흔적이 많았다. 오죽하면 건륭황제가 이 산에 올라 '천하에 둘도 없는 강남제일명산이다.'고 극찬했을까.

황산시 북암리 황강변의 등봉교 산행 들머리에서 적막이 감도는 마을을 지나면 등산로에 이끼가 덮여 있고, 구걸하는 남루한 옷차림의 노파들이 있는데 그 모습이 측은했다. 일행들이 맨몸으로 오르기도 힘이 든데 무거운 짐을 어깨에 짊어진 아낙이 제운산을 가볍게 오르는 활기찬 모습을 부러운 눈으로 바라봤다. 등고정과 잡화를 판매하는 송풍정을 지나면 송월정 주변엔 차밭과 산림이 울창했다. 황강과 마을이 한눈에 조망되는 망선정에 닿으면 강남제일명산이란 암각이 새겨져 있었다.

붉은색 암봉에 뚫려있는 일천문, 도교의 흔적을 엿볼 수 있는 팔선동, 이천문과 삼천문도 볼거리였다. 빛 바랜 도교인들의 마을 월화가에 올라서면 조망이 훌륭해 가슴이 확 트였다. 송곳처럼 우뚝 솟은 향로봉 뒤로 황강과 제운산진 마을이 한눈에 잡히고, 병풍처럼 펼쳐진 수려한 산줄기도 한 폭의 수묵화처럼 다가왔다. 제운산 최고봉에 올라 조망을 즐기며 운해와 대화를 나누고 신비의 갈림길을 지났다. 도교의 본거지 태소궁과 옥허궁을 지나 한적한 길을 걸으면 다섯 개의 아름다운 봉우리가 시선을 사로잡았다. 다섯 노인의 모습이라고 이름진 오로봉五老峰이다.

공인동으로 하산해서 아낙들이 이끄는 자전거 인력거를 타고 황강변에서 뗏목을 운행할 사람을 기다렸다.

나루터 건너편의 수탉이 암탉을 짓궂게 쫓아다니는 모습과 조각배를 탄 부부가 그물로 고기잡는 모습을 보니 전형적인 한국의 농촌풍경이 떠올려졌다. 과일장수 아낙을 따라온 사내아이의 밑이 툭 터진 바지 사이로 고추가 덜렁 나와 웃음을 자아냈다.

왕대를 엮어 허름한 의자를 올려놓은 낡은 뗏목을 타고 강을 건넜다. 제운산에 케이블카가 운행되면서부터 뗏목관광사업도 돈벌이가 시원찮아서 농사일을 하다가 관광객이 있을 때만 운행한다는 뱃사공의 얼굴에 설핏 우수가 서렸다. 그나마 벌이가 시원찮아서 낡은 뗏목을 새로 고칠 엄두가 나지 않는다는 푸념이 계속됐다.

관광객들을 유치하기 위해 설치한 케이블카가 오히려 지역주민들의 삶을 힘들게 하고 있었다. 관리들의 탁상행정의 표본이라는 생각을 떨쳐버릴 수가 없었다.

(2006. 11. 1)

중국인의 이상향 항주

– 항주기행 1

"세상에서 가장 곱고 멋있는 도시다."

이탈리아 출신 여행가 마르코폴로가 유럽에서 아시아까지 여행하면서 17년 간 중국에 머물며 지리적 고전인 『동방견문록』에서 항주를 유람하고 감탄한 말이다.

일찍이 중국인들은 '하늘에 천당이 있고, 지상에는 소주와 항주가 있다(上有天堂 下有蘇杭).'고 칭송했다. 한때는 항주를 놓고 오나라, 월나라, 남송이 힘을 겨루거나 도읍으로 정하기도 했다. 당나라 시인 백거이, 백낙천, 소동파 등이 머물기도 했다.

중국 하면 절강성, 절강 하면 항주, 항주 하면 서호를 떠올릴 만큼 중국의 10대 경승지의 하나로 지금도 젊은 연인들이 바람이 나서 삼십육계를 놓으면 으레 항주로 간다는 우스개도 있다.

항주의 보고인 서호는 한나라 때는 명성호, 당나라 때는 서호로 불렸다. 원래 항주만과 연결된 바다였으나 전단 강에서 흐르는 토사에 의해 막힌 호수로 변했다. 우리나라와의 관계를 문헌으로 살펴보면, 조선 세종 때 장영실의 부친이 소항주 출신이었고, 소주와 항주 해변에서 장사하던 중국인들이 왜구의 약탈을 피하거나, 풍랑에 휩쓸려 우리나라로 오는 경우가 많았다는 기록이 보인다.

항주의 서호는 일출도 유명하지만, 서호에 연꽃이 만발하면 중국의 유명한 시인묵객들이 연꽃 향에 취해 그 아름다움을 노래했다고 한다. 고택이 즐비한 항주 거리를 지나면 여름 햇살이 호수에 보석을 뿌려 놓은 듯 눈부시게 쏟아졌다.

먹을거리는 서호의 특산 맥주도 일미였다. 게다가 반쯤 탄 돼지고기인 동파육이 유명했다. 이는 돼지고기를 좋아하는 소동파가 항주로 좌천돼 왔는데 값은 저렴했지만 부자는 먹을 줄 몰랐고, 백성은 요리를 못해서 소동파에게 선물로 많이 들어왔다. 그것을 아내가 가마솥에 소홍주를 부어 삶다가 잘못해서 반쯤 타버렸는데 맛있는 냄새가 진동해서 먹어보니 일미였다. 그 후부터 소홍주를 곁들여 먹는 동파육이 유명해졌다고 한다.

또한 청나라 건륭황제가 평복으로 유람하다 길을 잃고 고생하다 거지가 준 닭고기를 먹은 뒤 천하일미라서 거지에게 물었다는 거지닭이 유명했다. 그 후 거지는 그 나그네가 황제임을 알고 부귀닭으로 고쳐 불렀다고 한다.

항주의 보배요. 눈을 밝게 한다는 의미로 일명 명목차明目茶로 불리는 용정차가 중국의 국차라는 사실을 처음 알았다. 『삼국지』에 등장하는 유비가 모친이 좋아하는 용정차를 구해오다 황건적을 만났다는 일화도 있다.

용모 단정한 미인이 우리를 상대로 능수능란한 말로 용정차 효능을 설명하고 차를 권하는 바람에 애꿎은 지갑만 축났다. 중국에서는 차를 세 번에 나누어 따르면 대접받은 사람이 그 감사의 표시로 탁자를 손가락으로 세 번 가볍게 두드려 주는 게 예의라고 가이드가 귀띔했다. 최고급차 한 통에 한화 4만 원이고 세 통을 사면 한 통을 덤으로 준다는 말에 모두가 돈을 쓰느라 혈안이 됐다.

중국인들의 소원은 항주에 집을 짓고, 용정차를 마시며, 소주에서 나는 비단옷을 입고, 광동요리를 먹으며 살다가 유주에서 생산되는 나무 관에 묻히는 것이라고 한다.

(2006. 11. 3)

항주의 보배 서호
– 항주기행 2

절강성의 수도 항주는 도심에 자리한 서호西湖 때문에 다른 도시에 비해 한껏 어유와 낭만이 묻어났다. 또한 중국의 4대 미인 서시를 기념해 서자호西子湖로도 불리는 서호는 거대한 호수 안에 섬이 있고, 그 섬 안에 다시 호수가 있는 기이한 형상이었다. 당나라와 청나라 때부터 수백 년 간 조성한 인공호수로 그 규모가 바다를 능가했다.

자연과 인공이 어우러진 수려한 경관은 수줍은 새색시처럼 일 년의 8개월 이상을 안개가 뒤덮여 그 모습을 쉽사리 내보이지 않는다. 소동파가 항주태수로 있을 때 서호 준설토로 만든 소제蘇堤, 백거이가 항주태수로 있을 때 만든 백제白堤, 명나라 항주부사 양맹영이 만든 양공제楊公堤 등 세 개의 인공 제방을 거닐거나 자전거를 임대해서 둘러볼 수도 있다.

이른바 삼도三島는 서호에서 있는 섬 중에서 가장 크며, 섬 안에 작은 호수가 네 개나 있는 노영국, 청나라 건륭황제가 쓴 '충이蟲二'라 쓴 비석이 있는 호심경, 유일한 자연 섬으로 고대 유적이 많은 고산孤山을 지칭했다.

서호십경西湖十景은 ① 이른봄 소제에 안개 낀 새벽풍경(소제춘효蘇堤春曉) ② 백제 끝의 호수 면과 같게 만든 조망대에서 보는 가을 달밤(평호추월平湖秋月) ③ 백제 중앙의 단교 아래의 잔설과 아치형 다리 중간에 눈이 녹아 다리가 끊어진 형상으로 보이는 풍광(단교단설斷橋殘雪) ④ 여름철 호수에 꽃과 술 향기가 함께 흐르는 풍경(곡원풍하曲院風荷) ⑤ 꽃나무가 가득한 곳에 잉어가 노니는(화항관어花港觀魚) ⑥ 버드나무 가지 사이로 들려오는 꾀꼬리 소리(유랑문앵柳浪聞鶯) ⑦ 호수의 탑 속에 등불을 넣고 감상하는 달, 탑, 그림자가 어우러진 풍경(삼담인월三潭印月) ⑧ 남병산 정산사와 영은사의 저녁종소리(남병만종南屏晩鐘) ⑨ 남고봉과 북고봉에 쌓인 구름(쌍봉삽운雙峰삽運) ⑩ 뇌봉산의 낙조(뇌봉낙조雷峰夕照)를 일컫는다.

백사전白蛇傳은 허선이 성묘를 다녀오다 백사가 묘령의 여인으로 둔갑한 백소정을 배에 태워 준 것이 인연되어 애인이 되었으나, 법해선사가 요괴인 백소정을 제압해 뇌봉탑 밑에 묻었다는 비극적인 순애보 전설이다. 2006년 중국 CCTV에서 우산을 들고 행복한 미소

항주의 서호.

를 짓고 있는 두 연인을 구름 너머로 법해선사가 주시하던 장면들을 방영한 바 있다. 아무튼 중국에서는 우산은 이별, 시계는 죽음을 암시해서 절대로 선물하지 않는다고 한다.

서호엔 복숭아꽃과 수양버들이 어우러진 모습이 백미였다. 수양버들은 수나라 양제가 항주에서 북경까지 운하를 건설하고 연회를 베풀었는데 시녀들의 얼굴이 검게 그을리자 버드나무 아래에서 머물도록 했다는 전설이었다.

서호에는 수많은 인파와 울창한 숲, 시원한 공기, 산새소리, 청결한 거리, 그리고 나뭇가지가 목이 마른 듯 호수에 몸을 담그고 있는 모습이 인상적이다. 칠월칠석에 열리는 연인제는 관광객이 엄청나게 모여들기를 기다렸다가 노숙자들이 벤치를 연인들에게 돈을 받고 내주는 진풍경도 벌어진다.

중국 역사상 양귀비와 함께 4대 미인으로 일컫는 서시의 고향이 바로 항주다. 장엄하고 멋진 서호는 그녀의 이름만큼이나 아름다움을 뽐냈다.

(2007. 11. 3)

묶음 4 – 동남아시아 6개국

변신의 귀재 싱가포르

축복의 땅 말레이시아

군도국가 인도네시아

주권 바뀐 홍콩

동양의 하와이 중국 해남도

금수중화錦繡中華 중국 심천

자비의 땅 태국(태국기행 1)

젖과 꿀이 흐르는 땅 방콕(태국기행 2)

별이 쏟아지는 파타야(태국기행 3)

관광 전도사 '깨'(태국기행 4)

변신의 귀재 싱가포르

(행촌수필 제10호, 2006년 상반기)

사자의 도시로 일컫는 싱가포르는 동서양의 미를 접목한 관광천국이자 국제무역과 금융의 중심지였다. 울창한 숲을 닮은 거대한 빌딩들도 이방인들을 향해 아름다운 자태를 뽐내며 볼거리를 제공했다. 밤이면 젊은 연인들이 오토바이를 타고 다니며 숲이나 공원에서 자유분방하게 사랑을 나누는 모습도 눈요깃거리였다. 해안가에 즐비하게 늘어선 간이음식점의 다양한 음식도 입맛을 돋웠다.

이슬람사원을 비롯한 종교사찰과 차이나타운에서는 이국적인 냄새가 물씬 묻어났다. 게다가 네 개의 종교와 네 개의 언어를 가진 다양한 인종이 살다보니 종교에 따라 생활관습도 달랐다. 2백 년

간 영국 지배를 받다가 말레이시아로부터 독립한 영향 때문인지 모든 생활패턴도 서구식이었다.

세계 교차로의 전략적인 위치가 아시아, 태평양 지역의 교통요충지와 국제무역, 금융, 비즈니스, 관광 중심지로 변신하는 데 중요한 역할을 했다. 말레이시아와는 두 개의 교량으로 연결되고 인도네시아 리아우 군도의 섬들은 쾌속선으로 불과 몇 분 거리였다. 또한 타이와 필리핀은 짧은 시간에 비행기로 이동할 수 있어 동남아시아의 관문이란 말이 딱 어울렸다. 이렇게 지리적인 위치가 경제발전의 디딤돌이 되었고, 영국의 무역센터가 설립된 후부터 이민자와 상인들의 집합소로 자리 잡게 되었다.

그리고 매사에 근면하고 활기찬 모습과 약속을 잘 지키고 여유를 갖고 비즈니스에 임하는 민족성이 장점이었다. 반면 싱가포르 대부분의 경제권을 장악하고 있는 중국계는 물건의 흠을 잡아서 값을 후려치고 돌다리도 두드리는 자린고비정신이 어릴 때부터 몸에 뱄다. 그런가 하면 한국인들은 음식접대에는 인색하나 지나친 음주접대 때문에 비즈니스에서 낭패를 본다는 가이드 말에 고개가 저절로 끄덕거려졌다. 거래는 회사가 하는 것이 아니라 사람이 한다는 단순한 원리를 망각한 한국인의 그릇된 음주문화를 꼬집는 말이기 때문이다.

세계 6대 관광국답게 쇼핑센터 관광지 등 인위적인 식물원, 공원, 박물관 전시회 등 볼거리가 많았다. 주롱새 공원은 8천 마리 새들의 보금자리였고 홍학, 코뿔새, 앵무새들의 군무가 볼거리였다. 남극처럼 설계한 펭귄천국은 펭귄과 잉카 제비갈매기과의 바다오리

싱가포르 센토사 섬.

와 같은 해상조류들이 둥지를 틀었다. 세계에서 가장 많은 큰코뿔새와 동남아시아 열대우림 지방의 새들도 자태를 뽐냈다. 적도에서 서식하는 동식물을 위해 매일 정오마다 스콜(소나기)이 쏟아지는 것도 이국적이다. 최신식 모노레일을 타고 공원의 박물관과 새들의 전시장 등 다채로운 풍경을 내려다보는 것도 남달랐다.

방대한 부지에 들어선 싱가포르 식물원은 세계에서 가장 아름다운 곳으로 50만 종이 넘는 식물들의 훌륭한 서식처였다. 희귀동물과 사람들의 손이 닿지 않은 열대림과 붉은 플루메리아, 장미, 양치류, 사막식물, 희귀종 식물의 보금자리였다. 난초전시관과 국제난초식물원에서는 난초와 수중식물, 중앙아프리카와 남아메리카의 이국적인 브롬엘리아르 전시회가 열리고 있었다. 탐벨리, 에코호

수, 심포니 호수의 야외음악회에서는 또 다른 즐거움과 낭만을 즐길 수 있었다.

평화와 고요를 의미하는 센토사 섬은 자연과 역사로부터 오락과 환상에 이르기까지 관광천국이었다. 형형색색의 나비들이 부채춤을 추는 나비공원과 원시에서 현대에 이르는 배들을 전시한 해양박물관을 비롯한 19세기에 축조된 지하터널도 볼거리였다. 해저세계는 아시아에서 가장 큰 해양수족관 2천 종의 해양생물의 전시관이었다. 자동으로 바닥이 움직이는 아크릴터널을 지나면서 바다를 감상하고, 터치폴에서는 불가사리, 해삼, 조개, 소라게 등을 손으로 만질 수 있는 이벤트 체험도 특화된 관광메뉴였다.

최근 싱가포르는 아시아와 유럽을 잇는 중계무역중심지와 관광천국에서 21세기를 이끌 바이오산업으로 재빠르게 변신했다. 그 사업이 바로 90년대부터 1천 명의 석학들을 참여시켜 장기계획과 연구 끝에 완공한 바이오폴리스 생명공학타운이다. 부오나비스타 거리에 우뚝 솟은 일곱 개의 그 타운이 향후 백년을 먹여 살릴 생명공학의 핵심이자 미래도시라는 것을 암시해줬다. 중계무역의 중심지와 세계 5대 관광대국도 모자라서 바이오산업의 백년대계로 다국적기업들을 벌떼같이 몰려드는 마력을 가진 그들의 혜안과 놀라운 변신에 존경심이 우러났다.

정부가 할 일을 못해 기업들이 모두 해외로 빠져나가 산업공동화 현상이 날이 갈수록 심화되는 한국과는 너무 대조적이다.

(2006. 3. 28)

축복의 땅 말레이시아

(임실문학 27호, 2007년 상반기)

해외나들이를 할 때마다 백문불여일견百聞不如一見을 절감한다. 동서양의 십자로에 선 말레이시아는 아시아의 가난한 나라라는 나의 짧은 생각과 달리 부존자원이 풍부해 신에게 축복받은 땅이었다. 쿠알라룸푸르 거리는 갖가지 종교축제가 성대하게 개최되는가 하면 다민족으로 인한 다른 문화가 사회 속에 혼재했다.

성격도 말레이인들은 온순하고, 인도계는 우월감이 강했으며, 중국계는 신중한 편에 속했다. 다민족, 다문화로 인해 발생하는 갖가지 대립과 모순을 받아들이며 슬기롭게 일상을 꾸려가는 그들이 부러웠다.

강변을 따라 형성된 노천카페와 식당, 그리고 예전에 선착장으로 사용되던 유홍가 클라크키와 강 하구를 보트로 한바퀴 돌아오는 관광코스가 인기였다. 포장마차처럼 긴 의자와 간이테이블이 줄지어 선 곳에서 꼬치처럼 생긴 안주에 시원한 타이거맥주 한잔으로 목마름을 달래는 맛도 잊지 못할 추억거리였다. 그곳도 한류열풍이 거세어 TV에서는 「대장금」 등이 방영됐고 「대장금」과 관련된 방한 상품 개발과 주제가를 부른 가수 이안의 팬 사인회와 각종 이벤트가 열리기도 했다.

말레이시아는 아름다운 해변이 있는 크고 작은 섬들과 식민지시대의 모습이 남아 있는 항구와 정글로 뒤덮인 산악지대가 있는가 하면 휴양지로 유명한 고원지대와 최첨단의 화려한 도시까지 다양한 모습을 보여줬다.

지리적으로 인도양과 남지나해 사이에 위치해서 예부터 동·서양의 무역상들과 여행자들이 모이는 무언의 약속장소였다. 이러한 전략적인 위치 때문에 끊임없는 외세와의 상호작용으로 상업과 무역의 중심지로 번성한 반면 포르투갈, 네덜란드, 일본, 영국 등의 지배를 받는 수모를 겪기도 했다. 영국의 식민지였던 동말레이시아와 사라와크, 사바, 싱가포르를 합병하여 독립연방국 말레이시아를 구성했으나 65년 싱가포르가 분리, 독립하여 오늘에 이르고 있다.

쿠알라룸푸르는 진흙의 하구를 의미한다. 실제로 켈랑 강 다리 위에서 바라보니 수량이 부족하여 갈색으로 물들인 진흙 사이로 강물이 흐르고 있었다. 말레이시아는 클랑과 곰박 강에서 주석이 채

말레이시아 천후궁.

취되면서부터 국가의 중추적인 역할을 하게 되었고, 교역, 상업, 금융, 제조, 교통, 정보산업 및 관광의 메카로 급부상했다.

구릉지대에 펼쳐진 도시답게 나무와 숲이 많아서 녹지대 사이를 가로지르는 하이웨이와 세계 최고층 페트로나스 트윈타워가 절묘한 조화를 이루었다. 술탄 알둘사미드 빌딩은 영국 식민지시대에 건축된 역사적 가치가 풍부한 건물로 주요 행정부에서 사용하고 있었다. 시계탑과 구리로 만든 돔이 덮여 있는 그 건물에서 새해를 맞는 신성한 의식과 국가독립기념일의 시가행진 및 국가행사가 모두 이루어진다.

술탄 알둘사미드 빌딩 맞은편에 위치한 다타란 메르카 공원은 매우 깨끗하고 우아함을 자랑했다. 디자인을 전통적인 회교 예술이나

서예 장식으로 우아하게 표현한 회교사원은 우산을 여러 개 접은 모습으로 다가왔다. 그 사원은 말레이시아 독립정신을 나타내는 심벌로 유명하며, 파란 하늘을 배경으로 서 있는 그들의 정신적 지주였다.

말레이시아의 경제적 성공은 원유, 고무, 주석, 팜오일, 목재, 천연가스 등 풍부한 자원과 정부의 제조업 투자, 육성 등 일관성 있는 경제정책, 그리고 마하티르 수상의 탁월한 지도력 등이 밑바탕이 되었다. 80년대의 극심한 경기침체에서 벗어나 고도성장 가도를 달리는 추세가 당분간 지속될 것으로 보인다. 그러나 인근 국가로부터 노동력을 역수입하는 실정으로 외국인 투자의 경우 노동집약적 산업보다 첨단산업 위주의 투자를 권장하는 추세였다.

세렘반시에 있는 한국투자기업 삼성전관 말레이시아법인은 칼라 브라운관과 전자총을 생산하는 공장으로 3천 명이 넘는 근로자가 일했다. 그 회사는 국왕 소유의 땅에 생산시설과 기숙사를 증축한 일화로 유명하다. 이는 입지선정, 공장설립, 환경영향평가 등 제반 문제 등을 종합심의해서 20일 만에 민원처리해 주는 말레이시아 정부의 원스톱제도 때문에 가능했다. 민원이 관공서를 찾아가 애걸복걸하는 한국과는 달리 공무원이 민원현장을 직접 찾아다니며 모든 업무를 일괄처리해 주는 시스템이다. 말레이시아에서 진정한 원스톱제도를 배웠다.

(2006. 3. 28)

군도국가 인도네시아

(임실문학 27호, 2007년 상반기)

자카르타 하늘은 진종일 뿌옇고 엄청난 매연으로 숨이 컥컥 막혔다. 고온다습한 날씨가 에어컨의 신세를 지게 하더니 콧물감기가 심신의 허점을 파고들었다. 산유국이면서도 휘발유 정제 기술이 없는 게 특징이고, 도심의 대로는 네온사인이 불야성을 이룬 반면 뒷골목은 등유로 불을 밝히고 있어 빈부 격차가 극심했다. 또한 엄청난 인구 유입으로 불법 점거지와 슬럼지구 처리에 골머리를 앓았다.

인도네시아는 아시아대륙과 호주 사이에 산재한 1만4천 개의 섬으로 이루어진 거대한 군도국가로 적도에 위치했다. 태평양과 인도양을 구분하는 지리적 위치가 경제와 정치 그리고 역사에 지대한 영향을 미치고 있었다. 오랜 전통과 많은 종족에서 우러나온 문화의 다양성을 자랑으로 여기며 전통성과 언어. 방언들이 각자의 특색을 지녔다. 또한 아닷(ADAT)이라는 관습법은 가족 그리고 이웃과 연관된 생활에서 우러나온 것으로써 다른 회교국가와는 달리 여성의 정당한 권리를 인정하는 점이 색다르다. 석기시대부터 수준 높게 개발되어 온 예술과 자바인들의 관습에서 온 인도네시아의 다양한 문화는 이리안자야 고원지대에 격리되어 있는 마을에서 흔히 발견되고 있었다. 따만마니로 불리는 민속촌, 즉 아름다운 인도네시아의 작은 공원은 그들의 문화와 역사를 한눈에 느낄 수 있는 곳이었다.

인도네시아의 독립을 기념하기 위해 제작된 137m 탑의 꼭대기는 불꽃 모양의 황금이 휘황찬란했다. 독립 50주년을 기념하기 위해 황금으로 도금한 탑 상층부의 전망대를 엘리베이터로 오르니 도시의 풍경과 넓은 바다가 한눈에 잡혔다. 독립기념탑 지하에는 인도네시아 고대왕국과 네덜란드와 일본의 지배, 그리고 독립까지의 과정이 파노라마처럼 다가왔다. 그 위층의 수카르노 초대 대통령과 하타부통령이 선언했던 독립선언문이 발길을 잡았다.

아시아 최대이자, 세계에서 세 번째 큰 규모를 자랑하는 회교사원은 이슬람국가의 상징이었다. 독립 후엔 인도네시아 국립박물관으로 바뀌고 전시품목도 더욱 다양하게 보충해 품격을 높였다. 태국 츄라롱 코른 국왕이 선물로 보낸 청동코끼리상이 박물관 앞뜰에 옮겨진 후부터 코끼리 박물관으로 개명됐다. 인도네시아인은 대부

인도네시아 국립박물관.

분 회교도로 금요일은 모든 정부기관이 문을 닫고 사원에서 기도하도록 배려하고 있었다.

모든 상권을 장악하는 중국화교는 동남아 화교와 달리 상도덕 부족과 계약에 대한 신뢰성, 그리고 과장된 표현을 즐겨 써 비즈니스에 인내심을 필요했다. 반면 이슬람종교적인 영향으로 가난한 사람에게 자선을 베푸는 미덕이 있었다. 따라서 고위관리들과 친분을 쌓고 그들의 관행에 맞추어 마케팅 전략을 세우는 것이 성공의 지름길이다.

인도네시아 경제는 수하르토 대통령 집권 이후 꾸준히 추진해온 5개년 경제개발계획의 성공이 돋보였다. 또한 풍부한 천연자원과 2억의 인적자원, 대외차관 의존도 축소와 저축 장려, 세수증대 등에 힘입어 경제발전의 가속 페달을 밟고 있었다. 규제완화로 기업활동을 보장하고, 국민소득 증대로 소비재 구매력을 증대시키는 전략도 큰 호응을 얻었다. 민간산업 분야에 투자기회를 확대하고 고부가가치제품 생산을 증대시키는 동시에 기술이전 촉진에 따라 한국기업의 투자진출도 증가일로에 있었다.

전국이 섬으로 구성돼 육로보다 항공과 해운산업이 크게 발달한 점도 물류비용이 저렴해서 투자의 장점으로 떠오르고 있었다. 반면 급격한 경제발전으로 인해 극심한 빈부의 격차가 항상 사회문제로 대두되는 것이 흠이었다.

인도네시아와 합작투자 형태로 설립한 한국기업의 현황을 살피기 위해 두 업체를 방문했다. 한국도자기는 고품질의 에너지를 안정적으로 확보하였고, 근로자들의 노동생산성은 다소 떨어졌으나 근면성실하고 임금이 저렴하여 채산성은 높은 편이었다. 태화는 필라와 아디다스를 주문 생산하는 신발업체로 원자재 수급이 원활하고 풍부한 노동력에 힘입어 미국과 유럽에 수출물량이 나날이 증가하는 우수기업이었다.

타국에서 국위선양과 외화획득에 구슬땀을 흘리는 기업인과 산업역군들이 애국지사처럼 위대해 보였다.

(2006. 3. 28)

주권 바뀐 홍콩

(행촌수필 11호, 2007년 상반기)

홍콩의 주권 이양을 놓고, 영국에서는 홍콩반환, 중국에서는 향항회귀조국香港回歸祖國이라고 대립하던 두 나라의 미묘한 관계가 미스테리였다. 홍콩반환을 전후해서 세 차례의 중국과 홍콩 방문을 통해 역사적인 주권반환 현장을 생생하게 체험했지만 그때에는 도저히 그 수수께끼가 풀리지 않았다.

홍콩반환을 둘러싼 갖가지 우여곡절도 역사의 대세엔 거역할 수 없는 흐름이었다. 세계의 이목이 집중된 '97년 6월 30일과 7월 1일. 홍콩반환을 전후하여 경축 분위기가 홍콩인들의 마음을 들뜨게 했고 다양한 반응을 보이기도 했다. 이는 사회주의에 익숙한 중국정

홍콩상공회의소 간담회.

부와의 동거에 대한 불안감과 영국식민통치에 대한 호평 또는 향수, 경제발전에 대한 자부심 등이 그 원인이 아닐까 싶었다. 155년간 영국 식민지배로 종주국보다 잘사는 도시로 발전했고 서양적 자본주의적인 요소가 받아들여져 중국인보다 홍콩인으로 인식하는 주민이 많았다. 식민지가 영국에서 중국으로 탈바꿈했을 뿐이라며 비단장수 왕서방에게 새색시를 빼앗기듯이 커다란 박탈감을 느낀다며 볼멘소리를 하는 사람도 있었다.

이렇게 기대와 불안, 환영과 우려가 교차하며 기묘한 분위기가 지배하는 가운데 일부 민주계 인사들이 홍콩의 중국 반환 반대데모를 벌이기도 했다. 특히 민주당 이주명 주석이 선거로 선출된 입법국 해산에 항의하는 연설로 세계 언론의 주목을 받는 등 다소 어수선한 분위기에 홍콩반환 전일부터 5일 간의 연휴 동안 400mm의

비가 쏟아져 홍콩인들의 마음을 더욱 심란케 하기도 했다.

시대의 흐름을 재빨리 파악한 사람들은 영국으로부터 받은 작위까지 포기하거나, 친중적으로 색깔을 노골적으로 바꾸기도 했다. 친중 단체인 공익금公益金은 7월 3일을 중국 전통복장을 입는 날로 제정하여 변신의 귀재란 호칭을 얻을 정도였다. 민족적 동질감에서 자발적으로 충성하는 사람도 있었지만, 중국의 큰 힘을 의식하여 생존전략의 일환으로 자발적으로 고개를 숙이거나 순종하는 부류도 많았다. 그런가 하면 홍콩이 반환되건 말건 5일의 연휴를 즐기는 개인주의적인 성향의 무사태평족도 있었다.

중국은 홍콩반환을 엄청난 의미를 함축한 역사적 사건으로 미화했고, 시계탑의 카운트 다운이 '0'으로 바뀌는 순간, 온 중국은 축제와 열광의 도가니였다. 아편전쟁으로 빼앗긴 땅을 황금 알을 낳는 거위로 키워서 되돌려 받음으로써 세계의 강자, 또는 강대국의 위상을 온 세계에 과시하려는 듯.

반면 영국홍콩 총독 크리스 패튼이 반환의식을 마치고 찰스 황태자와 함께 영국 왕실 요트 브래태니아호로 승선하던, 전쟁의 패자의 같던 그 모습을 지금도 잊을 수 없다. 그 장면에서 눈물 흘리는 사람은 아마도 영국 주권하에 있던 홍콩에 대한 향수 때문이었을 게다. 유니온 잭이 내려지는 순간, 중국의 본격부상이라는 큰 물결이 눈앞에서 요동치는 느낌이었다. 99년 말에 마카오도 똑같은 방식으로 주권이 포르투갈에서 중국으로 넘어오도록 돼 있기 때문에 더욱 그랬는지도 모른다.

더 나아가 대만도 홍콩이나 마카오와 같이 일국양제一國兩制 방식에 따른 통일을 받아들이라고 압박하는 고도의 전략을 펴기도 했다. 게다가 홍콩에서의 일국양제 성공이 중국과 대만 통일에 시금석이 될 거라는 불안감이 자꾸만 내 마음을 엄습했다. 설사 대만과 중국의 정치적인 통일이 이루어지지 않더라도 이미 양 지역의 경제 의존도는 나날이 심화되고 있어 경제적으로는 독립국가로 볼 수가 없을 것 같다는 느낌이 자꾸만 들었던 건 왜일까.

아무튼 영국이 홍콩을 부도덕한 전쟁으로 탈취했지만, 한적한 어촌 또는 해적의 소굴을 세계의 경제적 메카로 성장시켰다는 평가는 인정받아 마땅하다. 이제 홍콩은 양국간의 공동선언에 의거, 향후 오십 년 간 자본주의 체제를 유지하며 고도의 자치를 누리게 됐다.

오늘날 중국은 속으로 쾌재를 부르며 경제우등생인 홍콩을 잘 가꾸고 있다. 그리고 서북공정 프로젝트에 의해 티베트를 자국 영토로 편입시킨 데 이어 동북공정에 의해 몽골, 북한 땅을 호시탐탐 넘보며, 백두산을 장백산으로 왜곡해서 자기 땅으로 편입하는 등 고구려 역사 왜곡에 혈안이 돼 있다. 그들은 경제부국뿐만 아니라 영토 확장에도 놀라운 수완을 발휘하며 세계 각국을 긴장시키고 있다.

십 년 전, 중국이 홍콩반환이라는 용어를 절대 쓰지 않고 오로지 향항회귀조국일 따름이라고 항변했던 수수께끼가 바로 거기에 있었던 것이다.

(2007. 6. 30)

동양의 하와이 중국 해남도

미지의 땅으로 여겨왔던 중국 제2의 섬 해남도 삼아에는 의외로 한국인 신혼부부와 각국의 관광객들로 붐볐다. 열대기후임에도 사계절이 봄 날씨에 가까워 청정바다, 맑은 공기, 모래사장, 열대풍경 등을 지닌 중국 7대 관광지로 동양의 하와이 또는 남지나해의 진주로 불리기 때문이다. 금상첨화로 남지나해 중심에 위치해 중국과 세계 각국이 서로 교류하는 관문으로 서남아시아와 아프리카 유럽 간 해상교통의 요충지의 조건까지 완벽하게 갖췄다.

1989년 광동성에서 분리돼 해남성으로 승격됨과 동시에 경제개발구로 지정됐으며, 해상유전과 관광자원을 바탕으로 금융, 무역

해남도 해변(2위안 화폐의 배경 南天一柱).

업 등 2,3차 산업발전이 집중적으로 이루어지는 점이 부러웠다. 반면 후미진 지역에는 "아들 딸 구별 말고 하나만 낳아 잘 기르자."와 "에이즈예방은 사회적 책임이다."는 문구가 어지럽게 붙어 명암이 교차했다.

관광버스로 섬의 남쪽에서 북쪽 끝까지 가는데 4시간쯤 걸렸다. 수도 해구시에는 오공사와 해서묘가 유명했고, 남부휴양지인 삼아에는 천애해각을 비롯한 아롱만, 대동해수욕장, 대소동천, 녹호두 공원 등 명소들이 즐비했다.

해남도 하면 야자수를 떠올릴 만큼 야자수와 코코넛이 많아 빨대를 꽂아 과즙을 먹고 과육을 박박 긁어먹는 게 관광코스가 될 정도였다. 계란망고는 삶은 계란 맛이 났고, 해삼처럼 생긴 파란색 과일

해남도.

은 조금씩 썰어서 파는데 생각보다 맛이 좋았다.

중국은 어디를 가나 50여 개 소수민족을 만날 수 있고 그들만의 독특한 문화와 민속공연을 접할 수 있는 게 특징이다. 삼아에는 36여 개 소수민족이 사는데 부지런한 이족이 대다수고, 차도르를 입은 여인은 회족이며, 묘족은 극소수였다. 「동배불패」에 출연한 임청하도 묘족으로 알려졌다. 아무튼 토박이들은 중국 본토인과 달리 순박하고 친절했다. 소수민족들이 사용하는 농기구는 우리 조상이 사용하던 제품과 너무 비슷했다.

억새지붕 아래서 흰 옷과 머리엔 빨간 모자를 쓰고 천진난만하게 소꿉장난하던 소녀들이 관광객만 보면 오뚜기처럼 벌떡 일어나 춤을 추며 돈을 달라고 손을 내밀었다. 전통의상을 입은 아가씨들은 악기연주를 하고, 몸매가 늘씬한 여가수는 꾀꼬리 같은 목소리를 뽐냈다. 이족 아가씨와 전통결혼식을 체험하며 차 한잔 마신 대가로 50위안을 지불하고 나니 아내에게 미안한 생각이 들었다.

이족 꾸냥의 침실은 대나무로 얼기설기 엮은 돗자리와 큰 대나무를 이용해 원두막처럼 지었다. 자기 집을 찾아온 남자손님을 환영하는 풍습으로 노란 유니폼을 입은 팔등신 꾸냥들이 나란히 두 줄로 나란히 서서 남자 관광객들의 귀를 어루만져 주었다.

동산경 식물원에 자라는 고사리처럼 큰 풀을 현지인들은 공룡이 먹던 풀이라고 믿는다는 말에 웃음이 났다. 대나무 기둥에 글을 새기면 모든 게임에서 이긴다고 믿는 중국인들의 생활풍습 덕택에 대나무마다 상처투성이였다. 동산경을 내려오면 사진사들이 성가시게 따라다니며 사진을 찍은 대가로 10위안을 요구했다. 기분은 찝찝했지만 내 사진이 이방인들에게 내버려지는 것이 싫어서 얼른 줄 수밖에. 아무튼 5위안 10위안씩 주다보니 어느새 1,200위안이 지갑을 떠났다. 중국인들은 오나가나 외국 관광객 주머니를 터는 기술 특허를 낸 성싶다.

삼아 쉐라톤 호텔 옆 바닷가 해수욕장은 드넓고 고운 모래사장과 쪽빛 바닷물이 파도를 철썩거리며 하얀 포말을 일으키는 풍광이 아름다웠지만 파도가 거센 것이 옥에 티였다. 중국의 2위안 지폐의 뒷면 배경인 해남도 바닷가는 유명관광지로 바위에 새겨진 남천일주南天一柱란 빨간 글씨가 눈길을 잡았다.

원숭이섬으로 들어가는 리프트에 몸을 싣고 스릴을 만끽했다. 그런데 숙달된 조교처럼 원숭이가 카메라 앵글에 맞춰 척척 포즈를 취하며 관광객과 사진을 찍어 주고 15위안씩 챙기는 모습이 얄밉고 능글맞았다.

이국땅에서 태극기가 휘날리는 한국식당에서 시원한 바다풍경을 배경삼아 한복을 입은 종업원들의 시중을 받으며 청국장찌개와 김치를 곁들인 한식과 보신탕까지 맛봤다. 또한 우리 최신가요에 맞춰 노래방에서 여흥을 즐기는 맛도 남달랐다.

중국의 황제들이 시인 소동파, 이강, 이덕유 등을 유배보냈던 후미진 절해고도의 척박한 땅 해남도는 이제 섬 전체에 개발붐이 일고, 해변엔 크고 작은 리조트호텔들이 들어서고 있었다. 또한 아름다운 해변의 정취와 해조음을 자장가 삼는 관광객들과 스킨스쿠버들이 해조류와 산호초 사이를 누비며 형형색색의 열대어와 노닐던 그 모습을 아직도 지금도 잊을 수 없다.

(2007. 12. 1)

금수중화錦繡中華 중국 심천

"한걸음에 역사의 발자국을 익히고 하루에 중국을 유람한다."

관광객들이 심천을 둘러보고 남긴 어록으로 심천을 좋아하는 이유는 두 가지였다. 그 하나는 중국을 한눈에 유람할 수 있도록 전국 각지의 고궁, 천단, 만리장성 등 82개의 수려한 명승고적을 실물로 축소 재현해 역사와 문화, 민족풍토 등을 생생하게 느낄 수 있는 금수중화錦繡中華다. 두 번째는 24개 민족의 생활상과 5천 년 역사문화와 8만 리의 자연경관 등을 적나라하게 체험할 수 있는 중국민속문화촌의 소인국이다.

두 유람지를 둘러보려면 하루 종일 다리품을 팔거나 관광열차를

금수중화 심천.

타고 30분 만에 둘러보는 방법이 있다. 빨간색 연등이 5층 높이로 솟대처럼 솟아 있는 전통사원은 붉은색을 좋아하는 중국인들의 현주소를 말해줬다.

남자는 용, 여자는 봉황을 춤으로 상징하는 용봉무중화龍鳳舞中華는 중국 최대의 민족예술의 결정체로 김정일이 관람한 것으로 유명하다. 천지창조를 묘사한 천둥과 번개치는 장면을 비롯한 태초의 중국의 역사와 현대사까지 생생하게 재현했다. 묘령의 소녀들이 보름달 속에서 학이 되어 자유자재로 날아다니고, 불을 뿜는 용으로 분장한 남자배우와 늘씬한 무희들이 현란한 율동과 춤사위로 관객을 사로잡았다. 그 공연의 연출자는 2008 베이징올림픽 개회식 이벤트공연도 기획중이라고 했다. 중국 소수민족에 의상과 춤으로 이루어진 공연에는 조선족도 출연했다.

심천은 본래 어업을 생계수단으로 하던 인구 2만 명이 사는 어촌인데 1980년 중국에서 가장 먼저 경제특구로 지정되면서 화교와 외국자본이 급속히 유입되어 근대공업도시로 발전을 거듭하더니 작은 홍콩으로 불리고 있었다. 산업구조도 상업과 무역의 3차산업 위주로 공업이 급속도로 발전하였고, 중화학보다는 경공업 위주의 가공산업체가 주류를 이뤘다. 외국인투자기업이 많아 1천여 종이 60여 개 국가에 수출되었다.

홍콩과 남해에 인접해 있는 지리적인 요인과 특구로서의 장점을 활용하여 농업도 자가소비보다는 홍콩에 수출 위주로 했다. 게다가 상업농이 주류를 이루어 채소, 축산, 수산, 과일 등 4대 주력 농수산품 생산단지가 심천에 백 개소가 있을 정도였다.

심천은 해변도시로, 굴곡이 완만해 모래가 부드럽고 물이 맑아 해수욕장이 많았다. 문화관습은 신흥도시로 홍콩을 통한 서양문화 유입이 비교적 빠르다는 점이 특징이었다. 아무튼 심천여행은 습도가 높은 것을 빼 놓고는 12월이 춥지도 않고 여행하기에 가장 좋았다. 그러나 해남도 삼아와 해구를 유람한 뒤, 하늘에서 곡예하는 심천행 낡은 쌍발기에 몸을 싣은 뒤 가슴 졸이며 등에서 식은땀을 흘렸던 일은 정말 기억에서 깨끗이 지우고 싶다.

반면 돌다리도 두드리는 상관습, 개인보다 집단과의 조화를 중시하며 상호협동적인 삶의 철학을 가지고 삶의 기쁨을 얻는 중국인들은 주인의식이 강해 빈손으로 자립하고 무에서 유를 창조하는 상술의 귀재라는 생각은 가슴 깊이 새겨야 할 교훈이려니 싶다.

또한 '1전을 비웃는 자는 1전에 운다.'며 돈의 중요성을 알고 현금주의 사상이 강하다. 그래서 문병갈 때도 겉치레보다는 실용주의를 중시해 과일과 꽃바구니 대신 현금을 전한다.

게다가 중국인들이 평생 동안 중국일주를 못하고 죽는다는데, 금수중화와 중국민속문화촌의 소인국의 두 가지 유람을 통해 하루 만에 중국을 일주하며 문화와 역사를 한눈에 배웠으니 얼마나 큰 수확인가.

(2007. 12. 1)

자비의 땅 태국

– 태국기행 1

(영호남수필 15호, 2005년 상반기)

아내는 가끔 일상에서 벗어나 나와 함께 푸른 바다와 산호초, 울창한 숲이 우거진 곳에 머물고 싶다고 했다. 이 때문에 은혼식 때부터 아내가 마음에 들어하는 태국 푸켓여행을 계획했으나 쓰나미 재앙이 문제였다. 꿩 대신 닭이라고 파타야로 여행지를 바꿀 수밖에. 사람들과 어울리기 좋아하는 아내는 해외여행에 소녀처럼 신바람을 냈다.

한국은 영하 10도, 태국은 영상 32도라서 타이 항공 타임머신을 타고 6시간 만에 겨울에서 여름을 훌쩍 뛰어넘었다. 덕택에 인천공항에서 겨울옷과 여름옷을 번갈아 입는 수고를 해야 했다. 방콕 돈무앙 공항을 나서니 후텁지근한 날씨와 희뿌연 매연이 이방인의 신고식을 받았다. 그나마 2월은 건기乾期인 가을이라서 날씨가 시원하고 시차도 두 시간 늦어 하루를 26시간으로 활용하다 보니 큰 횡재를 한 셈이다. 오창열 가이드의 서글서글한 설명이 마음을 사로잡았지만, 무에 그리 한이 많은지 조국에 대한 좋지 못한 감정을 가끔 표출했다. 우기 때 배수를 잘 시키기 위해 돈무앙에 공항을 건설했는데 겨우 해발이 8cm가 높다고 해서 웃음이 났다. 태국은 일기변화가 심해서 우기雨期에는 앞이 안 보일 정도로 폭우가 쏟아지다가 곧장 찜통더위로 변했다.

불교를 숭상하는 태국은 한국을 형제의 나라로 불렀다. 7백 년간 전쟁이 없는 나라였건만 한국전쟁 때 3천 명을 한국에 파병했으나 추위로 두 달 만에 1,700명이 사망해 철수했던 사연도 있었다. 영상 17도만 내려가도 사람이 죽을 정도라니 한국의 혹한을 어떻게 견디겠는가. 게다가 태국은 주변의 국가들이 환난을 겪을 때마다 도와주고 있으니 자비의 땅이려니 싶다. 그런데 요즘 태국인들의 눈에 한국은 데모의 나라, 조급증이 심하고 성격이 괄괄한 국민으로 비쳐지고 있다는 말에 부끄러움이 앞섰다.

태국 하면 가난한 나라로 인식되지만 1976년까지는 한국보다 잘 살았다. 현재 방콕은 GNP가 15,000불이고 부존자원이 풍부하여 경제가 점진적으로 발전하고 있었다. 전체 인구의 14%가 부유층으로서 태국의 60%의 재산을 갖고 있어도 서민들은 빈부격차를 팔자소관으로 생각했다. 또 재산의 상속세, 주차단속, 폐차, 음주단속이 없으니 자유의 나라란 말이 딱 어울렸다.

지도를 들여다보니 마치 태국은 코끼리 머리, 방콕은 입, 파타야는 상아, 푸켓은 코를 빼닮은 향상이었다. 남부는 평야지와 해안으로서 쌀과 고무, 과일들이 풍부해서, 천혜의 부존자원과 관광자원을 갖고 있었다. 게다가 78층의 고층빌딩과 고급저택들이 즐비했다. 동남아시아 국가 중 유일하게 서양의 식민통치를 받지 않고 독립을 유지해온 아시아경제개발의 선두주자로 아시아에서 다섯 번째 부국을 꿈꾸고 있는 점도 돋보였다. 특이한 것은 불교종주국답게 모든 행사를 승려가 집전하고 이들의 생활 일체를 총괄했다.

수도승의 과정을 거치지 않고서는 고관대작이나 사회적으로 존경받는 지위에 오를 수 없는 점도 이채롭다. 국민들의 종교에 대한 절대적인 믿음과 왕실에 대한 충성심은 상상하기가 어려울 정도로 지극했고, 집에 들어가면 반드시 신발을 벗고 불상 앞에 경건한 자세를 취했다.

상대방과 처음 만나면 가슴에 양손으로 기도하는 자세를 취했고, 다리를 꼬고 앉으면 무례라고 했다. 외국인들에게는 친절하였으나 감정을 건드리면 성격이 단순해 급변함을 보이기도 했다. 머리에 영혼이 있다고 믿기 때문에 머리를 만지는 것은 절대 금물이고, 상대방을 부를 때는 성 대신 이름을 불러야 했다.

열대성기후 때문인지 모르지만 매사를 안일하게 생각하고 오늘 못다 한 일은 내일로 미루고 걱정하는 법이 없어 너무나 낙천적이라는 느낌이 들었다. 국민성은 양순한 편이나 타인에게 모욕을 당하는 경우 참지 못하고, 자신과 무관한 일에는 절대 간섭하지 않았다.

값싼 노동력과 부존자원이 풍부해서 발전의 가능성은 매우 높은 편이었다. 정부의 적극적인 외국인투자유치로 농업 위주에서 제조업과 관광, 서비스업 부분이 고도화되고 있었다. 반면 국민의 65%가 농업에 종사하고 숙련기능공 부족으로 공업화에 어려움을 겪고

태국 농축빌리지.

있었다. 대부분의 상품이 자유롭게 수입되고 있으나 사치품이나 자국보호에 필요한 품목은 수입을 규제했다. 주요 수출품은 의류, 쌀, 천연고무, 가공보석, 수산물, 타피오카 등이고 관광수입이 큰 비중을 차지했다. 소비자의 구매성향은 브랜드나 품질보다 가격 및 외견을 중시하며, 왕실이나 불교에 역행하는 디자인은 경시했다.

전통적으로 모계母系 중심의 가족제도라서 우리의 아들선호사상과 달리 딸 낳기를 원하고 데릴사위와 일정기간 처가살이를 하는 게 보통이었다. 특히 막내딸의 사위는 처부모를 부양해야 하며, 고급관료와 기업인도 여성이 많았고 여성경시는 절대 금물로 여겼다.

태국은 3분의 1이 소득이 높은 고무나무숲이어서 껍질은 고무수액, 나무는 원목으로 사용한다. 수액은 천연고무인 라텍스로 콘돔이나, 수술용 장갑 등을 고급제품이나 화학약품을 혼합해서 일반제품을 생산하는 재료로 암모니아 냄새가 많이 났다. 북쪽 지역은 높은 산과 양귀비, 남쪽은 평원에 쌀과 야자수가 많은데 나무는 섬유질이라서 썩지 않고 재질이 단단해 목재로 사용하며, 열매는 먹고 속살은 화장품, 껍질은 땔감이나 그릇으로 이용했다.

치앙마이는 전세계 70%의 마약을 공급하는 마약의 경작지라 단속이 심하다고 한다. 만약 양귀비밭에서 두 시간만 자면 그 향기에 취해서 천당으로 직행한단다. 또 마피아가 활개를 치고, 사립 교도소까지 있어 돈만 있으면 자기 집 안방처럼 편안하게 지낼 수 있다니 이해하기가 어려웠다. 물가는 이중정책이라서 차량은 비싸고 기름 값은 싼 편이었다. 쌀을 연간 600만 톤을 수출하며 3모작을 할 수 있으나 쌀이 남아돌자 정부에서는 2모작을 권장하고 있다. 남자가 여자로 성전환을 많이 해서 성형기술이 발달하였으며, 물에 석회질이 많아 치아가 잘 상해서 치과기술이 발달했다.

7년 전만 해도 한국의 대우 차량이 많았는데 지금은 일본 차량이 대부분이었다. 돈무앙 공항–방콕–파타야 간 고속도로를 일본이 건설해 준 대가라고 한다.

태국의 필라승콘 대학과 중국 북경 대학이 세계 300대 대학에 들어갔으나, 서울대학은 그 축에도 끼지 못했다는 것은 우리 교육 당국이 반성할 일이다. 태국의 연간 관광객 6천만 명 중 중국이 1위이고 한국은 10위쯤으로 집계되고 있다.

아무튼 행복은 항상 마음속에 있다고 믿고 부자보다 가난한 자들이 더 행복해 하는 자비의 땅이 한없이 부러웠다. 우리 부부도 그들처럼 마음속에 행복의 텃밭을 가꾸자고 손가락을 걸었다.

(2005. 4. 27)

젖과 꿀이 흐르는 땅 방콕

– 태국기행 2

(전북문협 제49호, 2006년 봄호)

천사의 도시, 또는 젖과 꿀이 흐르는 땅으로 일컫는 방콕은 겉으론 평온해 보였다. 그런데 가이드는 소매치기와 차치기가 많고 자국민을 먼저 보호하므로 현지인과의 언쟁에 유의하라고 누누이 강조했다. 도심에 들어서니 저지대라서 유난히 수로가 많고 고가도로와 전신주의 전선들이 거미줄처럼 얽혀 있었다. 거리는 매연 때문에 시야가 뿌옇고 고급차량과 천막을 씌운 택시와 오토바이가 한데 어우러져 교통지옥이란 말이 딱 어울렸다.

고급빌라와 고층건물 사이에 슬레이트와 양철지붕의 빈민 가옥이 혼재돼 있어 극심한 빈부격차를 말해줬다. 그러나 한국과는 달리 부자는 가난한 자에게 베풀며, 가난한 자는 부자들을 원망하지 않고 서로 도우며 상생의 지혜를 발휘하며 살고 있었다. 만약 우리나라의 강남에 빈민촌이 있다면 집 값 떨어진다고 부자들이 난리를 쳤을 게다. 집의 처마 끝이 모두 도로변으로 나온 이유도 우기 때 지나가는 사람들에게 비를 피할 수 있도록 배려한 것이란다.

그들은 교통사고가 나면 한국처럼 서로 싸우지 않고, 부자가 가난한 사람에겐 부담을 주지 않는 미덕이 있었다. 부자들이 가난한 사람을 위해 집 담에 천막을 치고 꼬치나 우동장사를 할 수 있도록 배려해 주고 전기까지 공짜로 제공했다. 그 대신 가난한 사람은 부잣집에 일이 있으면 생업을 포기하면서까지 도와 주는 미덕이 있었다. 우리네 인심은 어디 가당키나 한 이야기인가. 아마 음식 냄새 때문에 불결하다고 당장 내쫓았을 것이다.

40도를 웃도는 날씨에도 감기 때문에 고급 밍크코트를 입은 부유층이 많다는 말에 웃음이 났지만 실내와 실외의 기온 차이 때문이라는 말에 고개가 끄덕여졌다. 그 갑부들은 대부분 태국인 화교로 중국 운남성 등에서 태국 치앙마이를 거쳐 이주해 와 태국의 시안민족과 같이 살면서 무역업과 관광업으로 많은 돈을 벌었다고 한다.

한국의 카니발 차량이 삼 년 전부터 수입되는데 한 대에 한국보다 세 곱절이나 비쌌다. 공업낙후로 자동차를 생산할 수 없기 때문이다. 버스가 태국에서 제일 큰 공업단지를 지났다. 대부분 외국인 투자공장이었다. 육지인데도 도로변 곳곳에 바다새우 양식장이 많았다. 자외선이 강하고 석회석 토양으로 빗물을 받아먹는 장독 수가 많을수록 대가족이란다. 태국의 언어는 자음과 모음이 많고 띄

방콕 공항.

어쓰기가 없어 웬만한 외국인은 태국언어를 배우기가 매우 힘든데다가 문맹률이 높았다. 오죽하면 십 년 된 한국 가이드들도 태국어 배우기가 힘들다고 고개를 절레절레 흔들어댈까.

관광버스의 TV가 LG 제품이라 반가웠다. 태국인들은 운전습관이 좋아서 신호등이 별로 없고 새치기나 날치기를 해도 양해하고 경적을 울리지 않았다. 낙천적인 성격이라 모든 것을 팔자소관으로 돌리며 죽는 것도 해탈로 생각하고, 군대도 빨간 공을 뽑아서 가는데도 절대 억울하다고 생각하지 않았다.

남을 쳐다봐도 미소를 띠어 주어 마음에 여유가 있었다. 사람이 죽으면 개나 원숭이로 환생한다 하여 절대로 잡아먹지 않고 음식장사를 하고 남은 것을 개들에게 주며 신주단지 모시듯 한다. 70만 마리의 주인 없는 개 때문에 정부에서 골머리를 앓는 것도 그런 이유였다. 그런데 보신탕을 좋아하는 한국인들이 개들을 잡아먹다가 들켜서 철창신세를 지기도 했으니 국제 망신이 아닐 수 없었다.

날씨가 무더워 이방인들은 땀을 많이 쏟는데도 그곳은 한국의 겨울에 해당됐다. 거리마다 야자수 열매가 주렁주렁 매달리고, 꽃들이 만발하여 겨울이란 말이 무색했다. 숲에는 뱀이 득실거려 파충류의 나라로 불릴 정도였다. 독이 많은 코브라에게 물렸다 하면 중추신경이 마비되고 뇌신경에 독이 퍼져 빙긋이 웃으며 꼼짝없이 천당으로 직행할 수밖에 없단다.

특이한 것은 비가 오면 뱀들이 전신주에 올라 정전소동을 일으키기 때문에 전신주를 원형이 아닌 사각형으로 설치한 점이었다. 직장인들이 휴가를 얻듯이 농민들은 매년 한 달쯤 땅을 쉬게 했다. 그리곤 해독제를 가지고 자녀들과 뱀을 잡아서 명태처럼 말려 놓고 먹었다. 평야지에서는 농산물만 생산되기 때문에 뱀, 귀뚜라미, 메뚜기 등이 유일하게 단백질을 섭취할 수 있는 방법이기 때문이다. 흥미로운 것은 야자나무 밑에서 낮잠을 자다가 떨어진 야자열매에 맞아 죽는 사람이 있는데도 그 습관을 못 버린다고 한다.

태국인은 야자가 흔전만전해 잘 먹지 않지만 원숭이를 길들여서 수확한 뒤 수출하거나 관광객에게 판매한다. 대전 엑스포 때 한 교포가 위장병에 특효가 있는 야자를 수입해서 8억을 벌었다니 아이디어 하나로 횡재한 셈이다.

국제보석센터 건물은 55층 규모에 압도당한 기분이 들었다. 태국은 루비, 사파이어, 진주 등이 유명하며 가공기술이 뛰어났다. 루비와 에메랄드가 가장 비싼 원인은 태국에서 생산이 되지 않기 때문이다. 남아프리카 공화국에서 생산되는 다이아몬드를 제외한 세계의 6할의 보석이 그곳에서 가공되거나 매매됐다.

마음 같아서는 아내의 손가락에 비싼 루비반지 하나쯤 턱 끼워주고 싶었지만, 은혼식 때 끼워준 반지로 위안을 삼아야 했다. 그 빌딩은 6층까지는 골동품가게이고 나머지는 모두 보석가공과 판매가 이루어졌다. 경비원만 해도 990명이 3교대로 근무해 전북 익산보석센터와는 비교조차 안됐다.

LG제품 승강기를 타고 78층 전망대에서 바라보는 방콕 야경은 불야성을 이뤘다. 일본, 독일 등의 경쟁을 물리치고 한국이 태국의 전체 건물 중 승강기 시공이 2위를 차지하고 있다는 말에 어깨가 저절로 으쓱거렸다. 76층의 식당엔 일식, 중국식, 양식으로 다양하게 음식이 준비되어 있어 한국 호텔에 와 있는 기분이 들었다. 방콕은 1천2백 개 빌딩 중 30층 이상이 5백 개나 될 정도로 빌딩숲을 이루었다.

젖과 꿀이 흐르는 땅이란 지명에 걸맞게 눈부신 성장과 더불어 불야성을 이루던 방콕의 밤을 지금도 잊지 못한다.

(2005. 4. 27)

별이 쏟아지는 파타야

– 태국기행 3

(전북수필문학 2005년 하반기)

왕실의 휴양지와 세계적인 관광도시로 탈바꿈한 파타야가 별이 쏟아지는 곳으로 일컫는 것은 네온사인이 별빛이 쏟아지는 것처럼 밤을 밝히면 관광객들이 불나비처럼 모여들기 때문이다. 그곳에서 유명한 것은 바다, 밤거리 쇼, Sex였다. 방콕 부근은 광활한 평야지인 반면 파타야는 산과 바다가 어우러진 서녘하늘을 붉게 물들이는 일몰이 장관이었다. 신호등과 택시가 없는 게 특징인 반면, 전깃줄이 거미줄처럼 늘어져 볼썽사나웠다. 거리엔 음식을 먹는 사람들로 붐볐다. 노점엔 옷, 시계, 악세사리, 군것질거리가 수북했고, 현지인 다음으로 서양인들이 많았다. 오토바이가 즐비했고 트럭 화물칸에 사람들이 승용차처럼 많이 타고 다녔다. 해안가 건너편 북타파야에는 영화 「폭풍속으로」의 세트장이 있었고, 해변 끝자락의 산기슭에 자리한 로열 호텔이 불야성을 이뤘다. 물이 너무 깨끗하다 못해 에메랄드 색깔로 다가오며 물에 풍덩 뛰어들고 싶은 충동을 일으켰다.

만찬은 슈끼라는 한국식 샤브샤브였다. 원래는 일본식 슈끼야끼였는데 일본이 2차대전 때 콰이 강 다리를 놓고 버마로 진출하는데 태국 땅 3백 km를 사용하는 과정에서 일본 음식문화가 함께 들어왔다고 한다. 소인국 미니싸암 공원에는 앙코르와트, 에펠탑, 개선문 등 세계유명건축물의 미니어처 모형이 전시됐는데 한국의 남대문 모형과 옷가게가 있어 반가웠다. 소인국 아가씨들이 진을 치고 앉아서 관광객에게 사진을 찍자고 유혹했다. 세계적 버라이어티쇼를 관람하는 관광객들이 문전성시를 이뤘다. 무희들은 대부분 성전환을 한 게이인데 다양한 쇼를 연출하며 관객을 사로잡았다. 특히 유방처럼 만든 물주머니를 관객들에게 터트려서 깜짝쇼를 연출하거나, 관광객에게 유방을 만지게 하거나 그들과 사진을 찍은 뒤 관광객 지갑을 열도록 유도했다.

붉게 타오르는 태양이 바다에 그림자를 길게 드리우고 선착장에 정박해 있는 어선들의 모습이 인상적이었다. 철썩이는 파도 소리를 벗삼아 산책하는 사람들과 울창한 숲, 만발한 꽃들이 이국적인 냄새를 물씬 풍겼다. 땅이 넓어서인지 저택들이 넓고 정원이 잘 갖추어져 있었다. 아내는 이런 곳에 별장 하나쯤 있으면 좋겠다고 꿈같은 이야기를 했다. 아침에 보니 지난밤 불야성을 이루던 노점상들은 자리를 감추고 거리엔 차량과 오토바이들만 북적댔다. 파타야엔 택시가 없는 게 특징이다. 버스는 좌석이 있는데도 서서 가는 사람은 돈이 없는 공짜손님이란다. 우리 같으면 무임승차 죄목으로 경찰서로 직행했을 일이다.

바다 한가운데에서 보트에 매달린 낙하산을 타고 창공을 훨훨 나는 묘미와 쾌감이 스릴만점이었다. 산호 섬으로 향하는데 잉크를 뿌려 놓은 듯한 코발트빛 물보라가 휘날렸다. 해변의 경치 좋은 곳마다 호텔과 별장들이 즐비하고, 산호섬 주변의 모래가 떡가루처럼 고왔다. 약속이나 한 듯 왼쪽은 서양인, 오른쪽은 동양인으로 나뉘었다. 서양인은 해수욕과 해변 산책을 즐기는 반면, 동양인들은 제트스키와 바나나보트를 타느라고 야단법석을 떨었다. 바나나보트 운전자가 보트를 네 번이나 거꾸로 엎어서 물을 실컷 먹었다. 서양인들은 호텔수영장이나 해변에서 자유 분방하게 수영복을 입고 돌아다녔으나 동양인들은 그렇지 못했다.

이튿날은 국왕의 8촌인 할머니가 평생 가꾸어 놓은 농눅빌리지로 향했다. 이십대에 실연당한 처녀로서 이젠 팔십을 코앞에 둔 할머니가 돼버렸다. 그 곳은 용인에버랜드의 2.5배 넓이로 영화 007 시리즈 제임스본드의 저택 앞 마당의 배경이 되어 유명해졌다. 철길도 있고 정원이 너무 잘 가꾸어져 있었다. 코끼리쇼 조련사들은 북을 치고 코끼리들은 트렘펫을 불면서 행진곡에 맞추어 보무도 당당하게 운동장을 돌았다. 화살로 풍선을 터트리거나 큰 자전거를 타며 무척 힘이 드는지 씩씩거리며 침을 흘리며 대변과 함께 생 오줌을 누기도 했다. 화가보다도 더 그림을 잘 그려서 박수갈채와 함께 즉석에서 비싼 값에 팔렸다. 축구경기를 하다가 골인이 되면 얄궂은 골 세리머니로 사람들을 웃겼고 농구경기에서는 덩크슛을 연출했다. 묘기를 부릴 때마다 코끼리에게 줄 바나나를 아낙들이 팔고 다녔다. 멋진 춤을 추거나 리번도 곧잘 돌렸다. 볼링경기에서는 자기 핀을 다 쓰러트리고, 상대방 핀까지 쓰러트리는 묘기를 부려서 관광객들이 탄성을 질렀다. 사람을 땅에 뉘여 놓고 장난을 치거나 발로 안마하고 때리기도 했다.

코끼리는 45세에 수명을 다하며 61명과 줄다리기를 해도 코끼리가 이긴다고 한다. 그런데 힘센 코끼리가 가장 무서워하는 것은 쥐란다. 젊어서는 서서 자다가 늙으면 누워서 자는데 쥐가 콧속으로 들어가서 뇌를 갈아먹으면 죽음에 이르기 때문이다. 현재 코끼리는 5천 마리 정도만 남아 있단다. 중장비가 들어갈 수가 없는 늪지대에서 코끼리에게 마약을 놓고 일을 많이 시키면서 먹이는 적게 주고 있으니 수명이 짧을 수밖에. 북쪽지방의 치앙마이 고산족이 사는 곳에 가면 키가 5cm에 불과한 미니코끼리가 밀거래된단다.

화교들이 왕자에게 충성심을 보이기 위해 지었다는 염부원은 거대한 사원건물과 잘 가꾸어진 정원이었다. 그 부근에 있는 산을 깎아서 거대한 마애불상을 새기고 황금으로 도금한 것이 눈길을 끌었다. 국왕은 식수를 수입하고 루비, 사파이어 광산을 세 개나 소유하고 있어 엄청난 돈을 벌어들이고 있었다. 그 대신 그 돈을 어려운 국민을 위해서 사용한다고 한다.

가이드의 채근에 못 이겨 단체로 발마사지를 갔는데 모두 예쁘고 날씬한 아가씨들에게 나긋나긋한 마사지를 받으며 즐거운 시간을 지냈다. 반면 나는 레슬링 선수같이 뚱뚱한 여자에게 걸려서 연습 상대처럼 온몸이 비틀리는 고통을 당했다. 옆에서 마사지를 받던 아내의 말이 더 걸작이었다.

"여보, 푸짐한 아줌마 품에 안긴 기분이 어땠어요?"

저녁에 관람한 섹스 쇼의 성교 정면은 너무 리얼해 얼굴이 화끈거렸다. 호텔 해변의 야외식당에서 즐긴 뷔페 디너쇼는 가수가 한국노래와 팝송을 번갈아 가며 불렀다. 발음은 정확하지 않았으나 이국에서 듣는 가요가 퍽 정겹고 한국냄새를 물씬 풍겼다.

(2005. 4. 27)

관광전도사 '깨'

– 태국기행 4

(전북수필문학 2006년 상반기)

왕실 전용이었던 에메랄드 사원은 에메랄드 불상(실제는 옥) 때문에 유명했다. 원래 이 불상은 스리랑카에서 태국으로 건너왔다. 원뿔, 삼각뿔, 옥수수 형상의 탑과 한때 태국의 영토였던 앙코르와트 모형의 탑도 있었다. 태국정부가 관광객들을 대상으로 외화획득을 위해 추진하는 세 가지 전략이 돋보였다. 국왕은 그 사원을 관광자원화하기 위해 거처를 다른 궁전으로 옮겨갔고, 관광경찰은 관광객의 편익을 도모하고, 태국인 전용가이드를 양성하여 왕궁에 배치하여 전통문화유산을 올바르게 알리고 일자리 창출에 이바지하기 때문이다.

왕궁 전용 가이드 '깨'는 한국말을 곧잘 했다. 지금까지 해외여행을 많이 다녀봤지만 이처럼 서글서글하고 친절한 가이드는 처음인 성싶다. 참깨냐, 아니면 들깨냐고 놀리면 "이왕이면 참깨로 불러주세요." 했다. 딸을 하나둔 이혼녀인데도 항상 밝고 서글서글한 모습과 문화유산에 대한 해설에 최선을 다하는 모습이 아름다웠다. 일행들이 왕궁을 구경하다가 약속장소를 잘 몰라서 헤매다가 찾아오자 오히려 자기의 실수라고 정중하게 사과했다.

태국 국왕은 74세인데 젊은 시절의 사진을 거리와 주요 건물에 게시한 점이 눈길을 끌었다. 국왕의 큰딸은 미국으로 시집가고 둘째, 셋째 딸은 태국에 있으며, 왕자인 외아들은 소문난 난봉꾼에 세 번이나 이혼한 경력을 가지고 있으며 큰 나이트클럽의 소유자란다.

왕궁을 들어서니 매표소가 아닌 도로변의 나무그늘에서 한 아낙이 아이와 함께 입장권을 팔고 있어 웃음이 났다. 아이가 가이드에게 손을 흔들다가 손으로 자기 입에 대고 뽀뽀를 하며 감사의 표시를 하는 모습이 귀여웠다. 근무를 서는 보초병 복장도 한국의 50년대 군복처럼 허름하고 엉성했다. 깨는 일행이 무엇을 물으면 "예, 맞습니다. 맞고요."를 연발하며 노무현 대통령의 흉내를 곧잘 냈다.

자기중심의 소승불교 국가답게 대형 연꽃화분이 건물이나 대웅전 앞에 어김없이 놓여 있었다. 신비로움을 고이 간직한 에메랄드 사원은 태국의 1900개 사원 중 단연 으뜸이었다. 국보 1호로 손꼽히는 높이 75cm의 신비스런 에메랄드 불상은 계절이 바뀔 때마다 국왕이 직접 옷을 갈아입히는 의식을 거행한다고 한다. 대웅전에는 경건한 마음으로 무릎 꿇고 앉아 기도를 하는 사람들로 붐볐다. 건

에메랄드사원.

물들이 저마다 그 위용을 자랑했고 황금이 번쩍거리고 처마에 달린 풍경은 바람에 요란하게 소리를 냈다. 건물 테라스에는 부조가 아닌 『서유기』의 인과응보를 그림으로 리얼하게 표현해 놓았다.

가이드가 단체사진을 찍어주며 '아가씨 빤스! 오케바리!'를 외치며 웃겼다.

에메랄드 사원 밖 영빈관 앞에는 왕궁의 보초병과 달리 군복을 단정하게 입은 보초병이 로봇처럼 서 있었다. 외국 귀빈을 모시는 곳으로 일반인은 관람할 수 없어 아쉬움으로 남았다. 결혼식장, 연회장, 장례식장의 건물이 차례로 늘어서서 생로병사를 의미하였다. 태국은 세공문화가 발전한 반면 캄보디아는 부조문화가 발전했다는 느낌이 들었다. 연회장소는 이태리 양식, 지붕은 태국 양식에 가까웠다. 국왕이 코끼리를 타는 장소를 지나면 햇볕이 무척 따가웠다. 무기고엔 총칼과 창과 도끼 등이 전시돼 있어 우리나라 유물 전시관에 왔다는 생각이 들었다.

동양의 베니스로 일컫는 수산시장을 지나 강물이 붉은 메남 강의 지류인 차오프라야 강 선창에 닿았다. 배에 타자마자 한 아낙네가 느닷없이 축복을 의미한다는 꽃목걸이를 걸어주더니 1달러씩을 내라고 손을 내밀었다. 꽃은 예쁜데 독한 향을 뿌렸는지 냄새가 역겨웠다.

탁한 강물이 상류로부터 흘러들어 황토 빛을 띠고 있으나 메기나 잉어들이 많이 살았다. 배가 강물을 따라 내려가면 나무기둥을 세워 집을 짓고 사는 수상촌이 이어졌다. 그곳에서 빨래도 하고 용변도 보고 목욕을 했다. 그곳에도 빈부격차가 극심했다. 에어컨이 있는 고급주택이 있는가 하면 쓰러질 듯이 허름한 주택도 있어 대조적이었다. 작은 배에 물건을 싣고 판매하는 합죽이영감님이 능숙한 솜씨로 노를 저어서 우리 배로 다가왔다. 멍키바나나, 콜라, 사이다, 캔맥주, 야자수 등 없는 게 없는 작은 슈퍼마켓이었다.

그러자 상술 좋은 아낙이 메기에게 던져 주라며 빵을 팔았다. 빵을 사서 강물에 던져주자 수많은 메기들이 모여들어 빵을 먹느라 야단법석을 떨었다. 깨도 빵을 고기에게 주며 "잘먹고 잘살아라." 하면서 한국가요인 「고향의 봄」, 「인연」, 「만남」 등을 구성지게 불러 향수를 불러일으켰다. 그녀는 한국어를 배우기 위해 일주일에 두 번씩 학원을 다니며 한국관광회사에 자주 전화를 해서 어려운 한국단어를 배운다는 말에 존경심이 우러나왔다.

배에서 내려서 뮤지컬과 영화로 유명한 「왕과 나」의 실제 무대인 새벽사원으로 들어섰다. 강변에 위치한 그 사원은 방콕의 랜드마크라 불리는 프라프랑 탑은 높이가 75m였다. 중요한 지리 표지물 중의 하나로 이곳에 올라 내려다보는 풍광이 멋있었다. 특히 새벽 동이 틀 무렵과 해질 무렵이면 탑에 박혀 있는 자기가 반사되어 빛을 발하며 장관을 연출했다. 그 사원은 아유타야 왕조 때 만들어졌으며 탁신 왕의 톤부리 통치기 때 왕궁 근처에 있는 예배당으로 사용되기도 했다.

방콕의 라마 2세가 이 위대한 탑을 세울 것을 생각하였다. 거대한 재단에 둘러싸인 네 개의 작은 재단에 힌두와 불교의 우주론의 신화적인 수미산을 상징했다. 그 사원은 오십 년마다 보수를 하며, 중국에서 도자기 3백만 개를 들여다 만들었다. 도자기를 연꽃 문양으로 만든 기법이 너무 섬세하였으나 연꽃 문양의 도자기가 하나씩 떨어져나간 것이 아쉬웠다.

관광의 보국 태국은 왕실을 관광자원화한 국왕, 관광객들의 편의를 제공하는 교통경찰, 자국의 문화유적 설명에 헌신적인 노력을 아끼지 않는 왕궁가이드, 그리고 온 국민이 함께 이뤄낸 불후의 걸작이라 느껴졌다. 특히 서글서글한 성격과 성실한 태도로 외국인에 관광전도를 하는 '깨'의 역할이 돋보였다.

(2005. 4. 27)

묶음 5 – 이데올로기를 벗은 러시아

이데올로기를 벗어 던진 러시아

– 러시아기행 1

(2008. 7 전북문협)

붕정만리鵬程萬里 러시아를 다녀왔다.

사계절 내내 매서운 눈보라가 몰아칠 것만 같은 동토이자, 악명 높은 공산국가로 각인돼온 붉은 제국은 항상 두려움의 대상이었다. 게다가 지리와 관계없이 쉽게 다가갈 수 없는 아주 멀게만 느껴졌던 곳이다. 러시아는 이제 막 동면에서 깨어난 곰처럼 구소련의 영화를 되찾으려는 듯 도약의 기지개를 켜고 있었다. 영화 「백야」와 「닥터 지바고」의 낭만과 우리 민족을 힘들게 했던 장면들이 뒤섞여 머릿속을 혼란스럽게 했다.

하늘과 도시도 온통 회색빛이었고 사람들의 표정도 하나같이 굳어 있었다. 철의 장막 속에서 오랜 혼란의 시대를 거쳐 오면서 몹시 지쳐있는 듯했다. 반면 현대적인 빌딩과 육중한 옛 건물 사이로 정교회의 뾰족한 철탑들이 오색 빛을 발했다. 그곳에서 레닌과 스탈린 시대의 어둠의 흔적 사이로 체홉과 푸시킨, 톨스토이가 세계 대문호의 꿈을 키우며 무한한 상상의 나래를 펼쳤으리라. 사회주의가 붕괴된 이후 정치, 경제적인 혼란, 그리고 과거 권력의 흔적과 봇물처럼 들이닥친 서구물결이 공존하며 서로 충돌하는 흥미로운 광경들이 눈에 비쳤다.

세계에서 국토가 가장 넓은 나라로 지구의 8분의 1을 가진 적도 있었지만 땅 크기에 비해 답답할 정도로 느리고, 다부진 것이 없어 보였다. 옥토와 생명수를 찾아다니던 슬라브 민족이 국가를 세우고 불굴의 개척정신을 발휘하여 미국과 함께 세계를 지배했던 나라의 모습은 어디로 실종됐을까. 몽골의 가혹한 수탈과 약화된 러시아의 영토 확장을 꾀하는 프랑스, 스웨덴, 독일 등 이웃국가들의 침입. 그리고 수많은 전란과 혁명의 회오리바람에 당당하게 맞섰던 그 패기도 찾아볼 수 없었다.

지리적으로는 동유럽 평원의 중앙에 위치해 중앙과 동쪽 부분은 평평하고 낮은 지대였고 모스크바 강의 계곡과 그 지류들은 볼가 강과 합류해서 카스피 해에 몸을 섞었다. 시가지는 마치 과녁판과 같았고 그 정점은 크렘린이었다. 모스크바의 중심은 아무래도 크렘린과 붉은 광장, 성 바실리성당, 굼 백화점이었다.

러시아인들은 처음 사귀기가 힘들지만 술로 1개월쯤 사귄 뒤 마음만 열게 되면 친절해지는 남유럽 스타일로 남모르는 사람과 대화를 통해 친교를 맺는 것이 장점이었다. 주식은 빵, 수프는 천연 색소를 홍당무와 양배추로 냈다. 풍성하고 기름진 중국음식에 비해 러시아는 빈약하고 체구에 비해 식사량도 적었다. 아파트도 스무 평을 넘지 않았고 한국과 달리 사치나 호화로움은 찾아볼 수 없었다. 또 보약이라면 사족을 못 쓰는 한국인들의 근성을 잘 알고 있는 그들은 차가버섯과 녹용을 만병통치약이라며 판매에 혈안이 됐다. 가이드는 한술 더 떠서 그 버섯 홍보(부수입?)에 열을 올렸다. 1.2kg에 십만 원으로 가격도 비쌌지만, 시커멓게 탄 숯덩이인지, 버섯인지 도대체 구분이 안 갔다. 차가나무의 암덩어리로 불리는 이 버섯이 만병통치라니 글쎄 이를 믿어야 할지 말아야 할지 모를 일이다.

서민들은 가스 값이 저렴하고 중앙난방이 풍부하게 공급돼서 추운 겨울에도 연료 걱정을 안했다. 장례식은 이틀장으로 숲 속에 평장하고 비석을 세우며 한국과 달리 통곡하는 법도 없고 병원에서 죽으면 해부해서 병명을 남기는 것으로 끝을 맺었다. 결혼은 여자가 집을 마련하고 예물은 각자 준비해서 이혼하면 서로 자기 것을 가렸다. 남자수명이 짧고 이혼율이 높아 여자가 자녀양육과 살림을 꾸리는 점도 우리와 달랐다.

승전기념광장에는 세계2차대전 때 참전도시 숫자를 상징하는 226개 분수가 끊임없이 물을 뿜었다. 그런데 분수 한 개만 숨어 있었다. 전쟁일수를 나타내는 141.7m의 전승탑은 총구에 착검을 한 형상이다. 사면에는 소련이 독일에게 패하다가 흑해공격에서 승기를 잡아 베를린까지 진격해 승리하는 장면들을 조각한 것이 인상

깊었다. 화강암과 청동으로 세워진 탑의 하단에는 승전장군 게오로기가 말을 타고 용으로 묘사한 나치를 창을 찔러 죽이고, 나치 휘장이 있는 탱크를 망가트리는 장면의 조형물이 리얼하고 섬뜩했다.

그런가 하면 화단에는 노란 민들레와 행운의 네 잎 클로버가 피어나 더 이상의 전쟁은 안 된다는 평화의 메시지를 전승탑에게 보내고 있었다. 드넓은 광장과 후면의 넓은 숲, 그리고 승전 육십주년 기념행사를 대대적으로 펼치며 대국의 힘을 과시했다. 하지만 서민들은 궁상기가 줄줄 흘렀고 전승탑 광장엔 자본주의의 상징인 코카콜라가 자리잡고 있어 미국에게 점령당했다는 느낌을 받았다.

참새가 많아 일명 참새언덕으로 불리는 레닌언덕은 모스크바에서 가장 높은 지역으로 해발이 80m라는 설명에 웃음이 났다. 관광

승전기념광장.

객들로 붐비는 그곳은 좌판이나 간이상점들이 인형과 기념품을 팔며 호객하느라 법석을 떨었다. 유유히 흐르는 모스크바 강과 시가지가 한눈에 조망됐다. 우주과학아카데미와 1980년 올림픽을 개최했던 메인스타디움이 손을 흔들었고, 아파트와 난방회사의 굴뚝에서 연기가 뭉게구름처럼 피어올랐다. 삼십층의 러시아 대학 본관에는 러시아의 상징 붉은 별이 반짝거렸다. 모스크바에는 그 건축양식과 같은 건물이 일곱 개가 있는데 아무리 애를 썼지만 다섯 개밖에 찾지 못했다.

모스크바 대학 본관은 통제가 심했으나 여권을 수위에게 보여주자 겨우 통과할 수 있었다. 4만 명의 학생들이 책과 씨름한 결과 세계 17위 대학으로 선정됐다. 한국 엘리트들의 집산이자, 정치, 행정, 사법부 등에 인재를 가장 많이 배출하고 있는 서울대학은 세계 100위 대학에 들지 못했다는 가이드의 지적에 얼굴이 화끈거렸다. 한국의 입시 위주와 조령모개식의 교육정책을 꼬집고 있는 것 같았다. 러시아는 이데올로기를 벗어 던지고 경제, 사회, 문화, 교육 등 모든 면에서 도약의 나래를 펼치고 있었다.

(2005. 12. 3)

한국의 동반자 러시아

– 러시아기행 2

한국과 적대적 관계이자, 동토인 러시아에 태극기를 꼽고 우리 기업들의 진출을 도와주는 코트라 모스크바 무역관의 민간외교활약이 자랑스러웠다. 특히 공휴일인데도 김승철 관장과 김성수 부관장이 새벽부터 전북의 CEO들과 러시아 경제설명회를 가진 후 상트페테르부르크 상공회의소와의 투자유치간담회까지 주선해 주었다.

사회주의 혁명의 장본인인 레닌과 스탈린의 철의 장막이 시작되면서부터 러시아는 동토로 변해 수많은 인민들이 희생됐다. 브레즈네프가 장기집권하면서 경제가 파국을 겪었으며 스트로이카 기존의 공산당들이 쿠데타를 일으켰으나 옐친의 저지로 실패했다. 부족

국가들이 독립해서 구소련이 붕괴되고 러시아로 나라 이름까지 바꿔야 하는 수모를 겪기도 했다. 옐친은 국영기업을 민영화하면서 측근들에게 석유, 석탄회사 등을 넘겨 부유층의 배만 불렸다는 비난을 면치 못했다. 그 결과 화폐가치가 천분의 일로 떨어지고 국가경제가 마비됐다.

한국과 러시아 양국간 관계는 거듭된 변화 끝에 1990년 수교가 재개됐다. 다행히 러시아 경제는 모라토리움 이후 어려움을 겪다가 푸틴 대통령이 집권하면서부터 매년 7%대로 신장해서 현재 외환보유고가 증가했다. 인구도 구소련권을 포함하면 2억5천만 명이고 소비시장의 급신장으로 유럽기업과 미국 일본 등 투자가 활발하게 이루어지면서 산업기초가 점차 회복되고 있었다. 하지만 외국인에 대한 배타적인 관료의식과 법과 제도의 불투명성이 장애요인이고 서방은행에 예치한 외화가 수백억 불로 불안요소가 곳곳에 도사렸다.

러시아의 한국 상품수출의 공식통계는 40억 달러지만 비공식거래는 곱절이 넘으며 가전제품과 휴대폰이 엄청나게 팔렸다. LG나 삼성컴퓨터, 가전제품 등은 국가브랜드로 취급해서 대접을 받는 편이었다. 한국이 IMF을 맞고 러시아도 경제환경이 극도로 나빴을 당시 일본회사들은 철수한 반면, 우리 기업들은 적극적인 마케팅전략을 세워 그들의 친구가 돼줬다. 볼쇼이발레단도 자금 사정으로 해체 위기를 맞았으나, 삼성이 후원해서 오늘에 이르고 있다. 또한 LG다리로 명명된 교량은 택시기사들이 모두 알아들을 정도였다. 또 붉은 광장에 삼성을 비롯한 우리 기업제품 홍보물들을 푸틴 대통령 집무실에서 정면으로 바라볼 수 있도록 설치하여 그에게 극찬

모스크바 무역관장 초청 간담회.

을 받고 있는 우리 기업들의 고도전략에 박수를 보냈다.

한국 호야의 도시락라면은 그들의 기호식품으로 각광받아 현지 공장설립 여섯 달 만에 투자액을 회수하는 저력을 발휘했고, 우리 기업이 생산하는 앨범도 각광받고 있었다. 푸틴 대통령의 고향인 상트페테르부르크는 일본 도요다 자동차와 차이나타운 건설에 중국이 나섰고, 독일에서도 가전제품에 투자하는 등 빠르게 변화하는 모습이 부러웠다.

그러나 세금이 너무 많고 모든 거래가 불투명하며 관공서 서류에 공증서를 일일이 붙여야 하기 때문에 러시아는 공증사무소 천국이었다. 정상거래시 십 달러짜리 제품에 32%의 세금이 붙기 때문에 비즈니스가 비정상으로 거래되며 대부분의 상품이 핀란드를 거쳐

서 들어올 수밖에 없었다. 게다가 러시아 경제가 뒤떨어진 이유는 부정부패와 복잡한 서류 그리고 사회주의 잔재요, 뇌물만 주면 모든 것이 무조건 오케이였다.

지하경제의 규모가 큰 반면 기초과학이 잘된 나라로 거리도 비교적 활기가 넘쳤고, 자본주의 냄새로 물씬 풍겼다. 지하자원 매장량이 무궁무진해 정치만 안정된다면 투자를 검토해 볼 만한 나라였다. 그들은 이제 더 이상 적대국이 아닌 한국의 동반자로 변신해 있었다.

(2005. 12. 3)

붉은 광장과 크렘린

– 러시아기행 3

(영호남수필 16호, 2006상반기)

아름답다는 의미의 붉은 광장은 노동절과 혁명기념일만 되면 붉은 현수막과 군중들이 붉은 깃발을 손에 들고 모여든 후부터 붙여진 이름이다. 농민반란의 주모자 스테판 라진의 처형과 나폴레옹의 입성 그리고 혁명군과의 과격한 투쟁의 무대였다. 이제 러시아 사회의 변동의 무대가 된 붉은 광장은 돌로 뒤덮인 상태로 그 격동의 역사를 말없이 대변해 주고 있었다. 생전의 모습으로 누워 있는 레닌의 묘, 불균형 속에서 조화를 이루고 있는 성 바실리 사원, 국립역사박물관 모스크바의 최대 굼 백화점이 이방인을 반겨 맞았다. 크렘린에 걸린 성벽시계는 15분마다 종소리를 냈다. 러시아국기는 힘차게 펄

럭이며 크렘린 궁 삼층에서 푸틴 대통령의 집무를 알려줬다.

붉은 광장 중앙의 성 바실리 성당은 양파 또는 아이스크림 같은 형상으로 마치 살아 움직이는 것 같은 착각이 들었다. 각양각색의 색채와 무늬를 자랑하는 아홉 개의 지붕으로 이루어진 그리스 정교 사원으로, 러시아적이면서도 제멋대로 솟아오른 불균형이 표출하는 그 아름다움을 무어라 설명해야 할까. 그 성당은 이백 년 간 러시아를 대표한 건물로 몽골의 카잔 한을 항복시킨 것을 기념하기 위해 이반대제가 지었다. 그런데 그 성당이 완성되자 이반대제는 설계자인 포스토닉과 바르마가 더 이상 아름다운 성당을 짓지 못하도록 두 눈을 뽑아 버렸다는 가슴 아픈 사연을 안고 있었다. 외관상의 기묘한 아름다움과 달리 내부는 비좁은 나무계단과 움푹움푹 파인 시멘트 바닥이 성당의 이미지를 손상시키고 있어 아쉬웠다.

크렘린은 모스크바 중심부에 있는 성체 또는 성벽이란 뜻으로 이십여 개의 성문과 탑이 도열해 있었다. 그 면적도 엄청나게 넓었지만 성벽 길이가 2.3km, 높이가 519m로 그 웅장한 규모에 압도당했다. 황제의 길을 따라 크렘린 궁으로 들어서면 경비요원들의 번득이는 눈초리가 두려움을 느끼게 할 정도로 검색을 철저하게 했다. 그곳은 러시아의 심장부로 요새 또는 성채를 의미하며 15세기의 웅장한 정교회를 비롯한 현대적인 의회 등 다양한 건물이 자태를 뽐냈다. 레닌, 스탈린, 흐루시초프, 브레즈네프, 고르바초프가 그곳에서 서기장으로 활동하며 세계를 지배할 야망을 불태웠다. 궁전을 비롯한 높은 망루, 바로크 양식의 궁전 병기고, 원로원, 이반대제의 종루, 박물관으로 사용하고 있는 열두 사도 사원, 우스펜스키사원,

붉은광장 굼 백화점.

세계에서 가장 큰 황제의 종, 황제가 예배드리는 블라고베시첸스키 사원, 아르항게리스키 사원 등 많은 건물과 보물들이 러시아의 역사와 문화의 진수를 말해 줬다. 황제가 거처했던 4층의 가운데 창은 백성들이 황제에게 서면으로 건의할 수 있도록 상자를 매달아 놓았다 하여 '탄원의 창'으로 불렸다.

정문에 달려있는 소련의 상징 붉은 별을 보니 불현듯 '영원히 지지 않는다.'는 스탈린의 말이 떠올랐다. 금으로 도금한 세계의 성당은 송골매를 날려서 새들의 배설을 막고 있어 웃음을 자아냈다. 웅장한 성당의 천장을 시멘트 기둥이 떠받치고 있고 기둥과 천장 그리고 벽마다 제각기 다른 벽화가 그려져 있었다. 그 성당은 황제가 예배를 집전했던 곳이다. 자작나무 조각이 동판에 새긴 것처럼 무척 정교했다. 성당 지붕마다 양파 모형을 금도금한 것도 특이했다. 성가대가 악기를 연주하며 성가를 불렀는데 하나같이 무표정하고 무뚝뚝해서 신명이 나지 않았다. 넓은 마당으로 나오자 정오에 맞춰 병사들이 근무교대식을 하며 볼거리를 제공했는데 이에 정신이 팔린 일행들을 찾느라고 한바탕 소동이 벌어졌다.

붉은 광장에는 신혼부부들이 모여서 키스를 하거나 신랑 품에 안겨서 애교를 부렸다. 그리고 비둘기를 날리거나 샴페인을 터트리고 사진 촬영을 했다. 한국과 달리 결혼식이나 신혼여행도 가지 않고 친구나 가족들이 모여서 기념사진을 찍고 곧바로 혼인신고를 하는 것으로 만족한다니 얼마나 편리하고 합리적인가.

그런가 하면 한국보다 더 개방적이고 자유분방해서인지 여자들의 옷이 너무 야하고 치마가 짧아서 눈을 어디에 둬야 할지 난감했다. 반면 크렘린 광장 지하도엔 남루한 어린아이가 아코디언을 연주하거나, 아이를 안은 여인이 관광객들을 상대로 애절하게 구걸을 했다. 구소련의 화려했던 영화와 현재의 궁핍한 러시아와 명암이 오버랩됐다.

(2005. 12. 3)

시성 푸시킨의 발자취
– 러시아기행 4

(전북수필 64호, 2007년 상반기)

유서 깊은 명문 귀족집안에서 태어나 러시아의 위대한 작가로 추앙받는 푸시킨과 레르몬토프, 투르게네프 등이 작가의 꿈을 키우며 어린 시절을 보냈던 곳이 바로 아르바트 거리였다. 스탈린 양식의 거대한 외무성 건물까지 이어지는 그 거리는 한국의 대학로와 인사동 거리를 연상케 했다. 70년대에 새로 생긴 신아르바트는 모스크바의 가장 번화한 곳의 하나로 러시아 개방정책에 발맞추어 상점들이 우후죽순으로 들어섰다. 반면 구아르바트는 소규모 악단이 연주를 하거나 관광객을 상대로 그림을 그려주는 등 문학과 예술의 냄새가 물씬 풍겼다. 톨스토이가 푸시킨의 동상이 세워질 때까지 울었다는 이야기와 항상 그의 동상 위에 앉아 있는 새 한 마리가 푸시킨의 영혼으로 불린다는 일화가 심금을 울렸다.

모스크바 대학생들이 구름같이 몰려들어 낭만을 즐기며 문학 활동에 심취해 있는 그곳은 보행자들의 천국이었다. 삼층 높이 건물이 양측으로 늘어서 있고, 찻집이나 음식점들이 빼곡했다. 어쩌면 러시아의 대문호 푸시킨을 배출한 덕에 대학생들이 전도양양한 문학도로 대성하고 있는지도 몰랐다.

그러나 서른셋의 푸시킨의 생애는 열여덟 꽃다운 연인 나탈리아와의 결혼이 비극의 서막이자 불운이었다. 사람들은 푸시킨이 의처증과 질투심으로 미치게 됐다고 믿었다. 그러나 그의 진보사상을 미워한 세력가들의 음모에 휘말리고, 아내를 짝사랑한 G 단테스와의 결투로 총상을 입고 38세에 요절했다는 게 정설일 성싶었다.

푸시킨이 G 단테스와 운명적인 대결로 총상을 입고 죽기 전에 실려 왔다는 모이까 강변의 가옥은 고즈넉했다. 상트페테르부르크 사회 각층의 대표자들이 비보를 접하고 몰려들어 추모했던 그 집은 이제는 박물관으로 변했다. 헝클어진 곱슬머리에 굴레 수염을 한 그의 초상화가 인상적이었고 책들이 빼곡한 서재와 사망할 때 멈춰버린 금시계가 주인을 찾고 있었다. 푸시킨이 G 단테스와 결투하러 가기 전에 아침 식사를 했던 카잔 성당 인근의 문학카페는 2백 년 동안 예술가들의 사랑방으로 문전성시를 이뤘다.

제일 번화가이자 항상 인파로 붐비는 그곳은 알렉산더 대왕이 대승을 거둔 기념을 하기 위해 넵스키란 이름을 붙였다. 네 마리의 말이 수문장처럼 지키는 교량을 건너면 봉이 김선달처럼 돈을 받았

푸시킨.

다. 푸시킨이 결투를 하러 갈 때 거피를 마셨다는 다방은 커피값을 비싸게 받아 문학이 상술에 휘말렸다는 느낌을 지울 수 없었다. 푸시킨의 결혼사진이 걸린 아르바트의 신혼살림집 건너편에 서 있는 부부동상 앞에서 기념 촬영하는 사람들이 많았다. 90년 초에 사망한 러시아 젊은이들의 우상인 빅토르 최를 기념하는 낙서벽도 볼거리였다. 그 거리를 정화하면서 그 벽을 철거하려고 했으나 젊은이들과 학생들의 반대에 부딪혀서 그대로 존치했다고 한다. 그를 아끼는 젊은 문학도들의 열정이 아름다웠다.

"시詩는 가슴에서 난다."고 새겨진 푸시킨 시비의 글귀가 가슴에 절절하게 와 닿았다. 푸시킨은 오늘도 오른손으로 가슴을 안고 고개 숙여 대중을 향해 그 뜻을 전달하려고 애썼다. 그의 문학은 음과 음미의 완벽한 결합이요. 서술의 자연스러움이 묻어났다. 러시아의 국민성과 역사와 사회적 조건을 기술한 시성으로 추앙받고 있는 푸시킨의 발자취를 더듬어 볼 수 있었던 게 내 생애 최고의 기쁨이자 행복이었다.

(2005. 12. 3)

북방의 베니스 상트페테르부르크
– 러시아기행 5

(미래문학 18집, 2007년 6월)

쭉 뻗은 대로, 수많은 운하와 아름다운 교량, 백야의 풍광이 상트페테르부르크를 북방의 베니스로 추앙받는 이유였다. 모스크바가 동양적 모습의 도시라면 그곳은 수많은 사람들의 영혼이 깃들어 있는 해양도시이자, 교육문화도시로 동유럽의 관문이란 호칭에 걸맞게 서양냄새가 물씬 풍겼다. 피터 대제가 건설한 이래 2백 년 간 로마로프 왕조의 수도 역할을 해온 그 도시가 러시아의 긍지와 영광의 화신처럼 느껴졌다.

모스크바의 회색 하늘과는 달리 파란 하늘과 넓은 초원도 눈길을 잡았다. 러시아의 혼이 담긴 역사와 교육도시로 '유럽으로 열린 창'

이라고 푸시킨이 묘사했듯이 네바 강을 따라 18세기에 건설된 유럽형 건물들은 네덜란드식 바로코 문화와 정교문화의 혼합형으로 유럽 중심부에 와 있다는 착각이 들 정도였다.

레닌시대까지 수도였으나 혁명 후엔 모스크바로 옮겨갔다. 러시아의 새로운 지평을 여는 그곳은 모든 역사와 문화가 레바 강을 중심으로 이루어졌다. 일찍이 삼각지의 버려진 습지의 땅을 개발하며 물길을 돌리고 네덜란드 문화를 받아들여 유럽의 창구와 발트 해 지배를 위한 전진기지로 삼게 이르렀다.

그 도시가 오늘의 영광이 있기까지는 이집트의 피라미드의 대역사와 같이 척박한 토양 위에 파라다이스를 만드는 무모함과 엄청난 노동력, 그리고 인명을 희생하는 최악의 자연적 상황에 대한 도전이었다. 징키스칸이 중국 진시황제나 피터 대제처럼 성을 쌓지 않고 상대국이 축성해 놓은 것을 점령하는 고도의 전략과는 판이했다. 인간의 손으로 이룩한 기적의 힘을 시기하듯 무서운 홍수와 역사적 자연적 재앙도 수없이 겪어야 했다. 동란과 혁명으로 굴절 많은 역사의 장이 되기도 했다. 지명도 러시아 혁명 당시에는 페트로그라드, 소비에트 시절에는 레닌그라드, 1991년 공화국으로 거듭나면서 상트페테르부르크로 시대에 따라 바뀌었다.

북방의 베니스답게 보는 이들을 황홀경으로 몰아넣었던 백야는 두고두고 잊지 못할 추억거리었다.

유럽의 모든 길이 로마로 통한다면 상트페테르부르크의 모든 길은 넵스키 대로로 통했다. 해군성에서 알렉산드르 넵스키 수도원까지는 최고급호텔과 레스토랑, 카페와 음악당 등의 총집합소였다.

1710년 처음으로 길이 뚫리면서 늪지대였던 그곳이 문화, 상업의 중심지이자 가장 아름다운 거리로 명성이 자자하게 됐다.

그 도시는 당초 160개 섬으로 이루어졌으나 지금은 42개로 줄었다. 기후도 쉽게 변해서 여자 마음으로 표현되었다. 레바 강 밑으로 지하철 1호선이 나 있고, 대레바와 소레바로 나눴다. 네바 강 하류 세 개의 섬 위에 세워진 물 위의 도시에는 86개의 강과 세 개의 운하, 그리고 예술작품인 대형다리가 365개나 됐다. 제2의 암스테르담이라 불리는 화려한 궁전과 유럽풍의 각종 건축물과 성당 등이 즐비했다. 시가지 대부분이 17－18세기에 지어진 바로크 양식 건물들이 주류를 이루고 있어 도시 전체가 유네스코가 정한 세계문화유산이었다.

네바 강을 따라 넵스키 대로 주변의 겨울궁전, 피터 대제의 기마동상, 예술의 광장, 이삭성당, 토끼 섬, 여름궁전 등 페테르부르크의 역사와 예술의 혼을 간직한 불멸의 유적들이 빼곡했다. 상트페테르부르크에서 가장 높다는 이삭성당은 1만4천 명이 동시에 예배드릴 수 있는 세계 최대의 성당으로 건축학의 불가사의요, 모자이크예술의 극치라고 평가받는 러시아의 자랑거리였다. 그런가 하면 그 성당을 사십 년 간 건축하던 돈프랑이 자기를 그 성당에 묻어달라는 유언을 들어주지 않자 부인이 통탄하며 시신을 수습했다고 한다. 황금을 수은으로 녹여 지붕에 붙이던 기술자들이 독한 냄새로 죽어갔다는 애환이 서린 곳이다. 하나가 128톤인 기둥을 물리학의 원리를 이용해서 48분 만에 거푸집을 만들어 세웠다는 진기록도 가지고 있었다.

볼쇼이 무용단 공연.

러시아 황궁에 향해 대포를 쏘아 사회주의 혁명을 알렸던 순양함 오로라 호는 네바 강변에 박물관으로 남아 러일전쟁에서의 패배와 레닌의 혁명전야를 증언해 주고 있었다. 불현듯 에르미타주에서 혁명군을 제거하기위한 회의를 하던 니콜라이 2세와 각료들을 레닌이 급습하여 현장에서 모두 체포하고 피터 대제로 시작한 제정러시아가 막을 내리던 장면들이 환상처럼 눈앞을 스쳐갔다.

이제 뼈아픈 민중동원과 착취의 역사는 찬란한 문화재와 예술품으로 남게 되어 상트페테르부르크를 찾는 뭇사람들에게 볼거리를 제공하고 있다. 그리고 볼쇼이와 마린스키 무용단은 화려한 무대 위에서 기교와 활기찬 파워로 관객들을 사로잡았다.

백야는 북방의 베니스로 일컫는 그 도시의 상징이었다. 백야는 일 년 중 가장 축복된 시기로서 밤거리에 낮과 같이 사람이 많고 강 주변엔 음악과 웃음소리가 만발했다. 가장 신비하고 환상적인 모습은 5월 중순부터 7월까지 연출되는 백야는 밤시간이 30분밖에 안돼 저녁노을이 곧장 여명으로 바뀌는 장관은 잊지 못할 낭만이자, 추억거리였다. 문화생활을 풍족게 하는 예술과 영화제가 성대히 개최되는가 하면 밤마다 해변엔 불야성을 이루었다. 그리고 새벽이면 여덟 개의 큰 다리가 열리며 큰 배들이 들어왔다.

한낮의 무더위가 지나간 후 새털구름들이 연출하는 인광燐光과 진홍빛 노을이 네바 강 위로 드리워지는 풍광과 심오한 의미로 가득 찬 신비스런 침묵을 시인들도 필설로 묘사하기 어려울 것 같았다. 화가들도 카멜레온의 피부와 수정의 각진 표면처럼 강물에 반사되는 오묘한 색상을 화폭에 담아내기 힘들 성싶었다. 음악가들도 하늘에서 반사되어 대지로 하강하는 느낌들이 깊게 배어 있는 신비로운 소리들을 음률로 승화시키기 힘들 성싶었다.

(2005. 12. 5)

러시아의 영웅 피터 대제

– 러시아기행 6

제정러시아 피터 대제와 황제들의 거처였던 겨울궁전이 네바 강을 따라 길게 뻗어 있고 건너편 선착장에는 삼성의 홍보물이 자랑스럽게 다가왔다. 궁전 입구에는 탐방객들이 몰려들어 공연장을 방불케 했고 한글판 관광책자를 파는 잡상인들이 호객했다.

겨울궁전의 부속건물을 개조하여 만든 에르미타주 박물관은 대영박물관, 루브르박물관과 함께 유럽의 3대 박물관 중 하나였다. 담록색 외모에 흰 기둥이 잘 어울리는 1056개의 방과 117개의 계단, 2천 개 창문, 170개가 넘는 조각상이 자꾸만 발걸음을 멈추게 했다. 여섯 개의 건물로 연결된 그곳은 서구에서 226점의 회화를 들여온 것을 계기로 10세기에서 15세기까지 세계 각국의 3백만 점의 전시품이 소장된 세계 최고의 박물관으로 꼽혔다. 서유럽관, 고대유물관, 원시문화관, 러시아문화관, 동방국가들의 문화예술관, 고대화폐전시관 등 여섯 부문으로 세밀하게 분류돼 있는 점도 독특했다. 작품 하나에 일 분씩 감상하며 돌아본다고 해도 오 년이 소요된다니 그 규모가 놀랐다. 특히 125개 서유럽 미술관의 레오나르도 다빈치, 라파엘, 미켈란젤로, 루스벤스와 렘브란트 등 책자나 언론 매체를 통해서만 접했던 화가들의 작품을 만나보는 행운도 누렸다. 250만 점의 회화, 조각, 발굴품 등의 전시품과 최고의 작품으로 평가받는 고흐의 작품 「언덕 위의 집」과 복도에 걸려 있는 한국 김홍수 화백의 「승무」 감상도 좋았다.

예수가 세례를 받은 곳을 의미하는 요르단 계단은 웅장한 대리석으로 꾸며졌다. 성서에 나오는 장면의 섬세한 황금색 조각은 부와 이름다움의 극치였다. 1톤이 넘는 전등이 천장마다 주렁주렁 매달려 휘황찬란했고 피터 대제가 여신과 같이 있는 그림도 특이했다. 황금으로 도금된 넓은 방에는 대형 대리석 화분과 연회장이 56개나 됐다. 1812년 알렉산드리아 왕이 나폴레옹을 물리치고, 파리 시내가 보이는 언덕에서 말을 타고 승리의 쾌감에 젖어 있는 모습도 인상적이었다. 양측 벽에는 참전 장군들의 초상화가 걸려 있었다. 군데군데 빈 공간은 전사한 장군 자리였다. 러시아 보물로 지정된 나무에 주렁주렁 매달려 있는 닭과 공작의 조각이 살아있는 것처럼 시간마다 날개를 움직였다. 모자이크로 섬세하게 만든 대형 청옥잔과 대리석으로 조각한 아기예수의 흉상도 눈여겨볼 대목이었다. 아기예수가 성모마리아의 젖을 먹는 레오나르도 다빈치의 작품의 모습이 무척 평화로웠다. 1917년 마지막 황제 후 임시정부 각료들이 대리석 탁자에 앉아 회의를 하다가 체포된 방에는 14시10분에 멈춰 있는 시계가 그 때 정황을 말하려고 애를 썼다. 궁전광장 중앙에 알렉산드리아 대왕의 동상을 6백 톤의 한 개의 대리석으로 축조했는데 그 방법이 매우 신기했다.

베드로 바울성당 요새는 서구교회와 고대 러시아 교회 건축양식의 전통이 결합을 이루고 종루에는 음악을 울리는 종을 갖춘 시계가 돌고 있었다. 금도금된 첨탑尖塔 위에 놓인 도시의 수호자로 여기는 천사의 상이 풍향계 역할에 분주했다. 그 첨탑의 높이가 131m이고 첨탑의 천사상의 무게가 무려 550kg에 달했다. 오죽하면 당시 건축의 난해함을 푸시킨이 '인간의 뼈 위에 건설된 도시'라고 읊었을까.

피터 대제의 궁은 그 도시에서 첫 삽을 뜬 곳이다. 그 건물을 짓는데 3만 명이 노역으로 동원되었다니 그들의 고통이 얼마나 심했을까. 성당의 성문은 금도금하고 나머지 부분은 담백했다. 지붕을 황금으로 칠해서 절대 변하지 않게 하는 건축양식이 독특했고 1824년 대홍수로 벽 중앙까지 물이 찬 것을 표시해 놓은 섬세함을 엿볼 수 있었다. 그 요새를 에워싼 성벽 안에는 문학가, 예술가, 혁명주의자 들을 가두는 별도의 감옥이 있었다. 감옥 옆에 죽음의 문이 있는데 새문화의 개혁을 반대했던 피터 대제의 아들이 맨 처음 그 문을 지났다고 한다. 피터 대제의 개혁의지가 얼마나 강했는지 짐작하고 남았다. 사형수들이 아치형 건물의 죽음의 문을 통해 배를 타고 최후를 맞으러 갔다는 말에 소름이 확 끼쳤다.

여름궁전은 네바 강의 끝자락에 스웨덴과의 승전기념으로 건축했다. 석고상으로 장식된 황색의 벽과 순금으로 치장한 독형상의 지붕이 휘황찬란했다. 러시아 정원예술의 최고의 평가를 받는 정원은 지형을 이용하여 두 개 공원으로 나눠졌다. 궁전에서 바다에 이르는 아래 공원은 금빛으로 반짝이는 조각상과 분수가 멋진 조화를 이뤘다. 궁전 위 공원 역시 수많은 연못과 분수로 꾸며져 아름다운 풍경으로 이방인의 마음을 사로잡았다.

스웨덴 땅을 빼앗아 프랑스 사람들이 궁전을 지었고, 베르사원은 그 좌측에 건축했다. 120개 분수가 각기 성경과 신화에 나오는 것을 표현했고, 나무들은 마치 사열하는 병사들처럼 가로세로 정렬이 뚜렷했다. 성당건물은 지붕의 십자가를 금도금을 해서 눈부실 정도로 반짝거렸다. 삼손이 사자의 입을 찢는 조형물은 삼손은 러시아, 사자는 스웨덴을 의미했다.

춤을 추는 분수가 사람들이 지날 때마다 물을 쏟아내며 사람들을 동심의 세계로 몰아넣었다. 여름궁전은 러시아에서 가장 아름다운 공원으로 꾸미려 했던 그의 흔적이 엿보였다. 반면 겨울궁전은 따뜻하게 지내려고 크고 웅장하게 지었다.

피터 대제는 폴란드와 핀란드, 그리고 독일을 빼앗아야 한다고 유언할 정도로 바닷가에 살기를 좋아했다. 새로운 문화와 역사를 창조하기 위해 치른 그의 값진 희생이 위대했다. 거구였던 피터가 자작나무로 급조해서 거주했던 저택은 빨간 벽돌로 고쳐졌으나 옹색하기는 마찬가지였다. 그는 백성들과 함께 근검한 생활을 했다.

여름궁전.

오죽하면 가장 아끼는 신하가 사치하다가 뺨까지 맞았을까. 러시아의 잠재력은 영웅 키우기에 있으며 슬라브족은 영광스러운 민족이라는 자부심을 갖고 있었다. 그 점이 바로 6십만 명의 백성들이 죽었어도 그를 원망하지 않고 러시아 영웅으로 추앙하는 매력인가 보다. 이와 달리 피터 3세는 궁전 부근에서 바람을 피우다 부인에게 체포돼서 180일 만에 왕위를 내놓는 비운을 겪게 됐으니 아이러니가 아닐 수 없다.

러시아의 문화와 역사를 새롭게 만들기 위해 고민했던 피터 대제의 동상이 늠름하게 다가왔다.

(2005. 12. 3)

묶음 6 – 고구려의 발자취

희망의 땅 단동
주몽의 땅 졸본성
민족의 영산 백두산
백두산 대협곡
광개토대왕의 왕릉
민족의 젖줄 압록강
천리장성과 일보과一步詩
고구려사 왜곡하는 중국과 한국의 대응

희망의 땅 단동

여행은 인생 같고 인생길은 또 여행과 같다. 그래서 인간은 이미 생긴 길을 가기도 하고 새로운 길을 개척하며 살아가고 있는지도 모른다. 어쩌면 일제가 왜곡시킨 우리 전통 지리를 바로잡기 위해 산줄기를 탐구하며 여행에 매력을 느끼는 산꾼들도 같은 행로일 게다. 남녘의 낙정정맥과 백두대간(남해 낙동강-지리산 천왕봉-강원도 향로봉)을 따라가다 38선에 가로막혀 발길을 멈춰선 지 오래건만 육로가 열리지 않아 백두산(931.5km)까지 발품 팔려던 계획을 접어버렸다. 북한의 핵실험으로 전세계에 긴장감이 고조되고 있으니 어느 세월에 북녘의 백두대간길이 열리겠는가. 그 대신 금강산을 다녀오고 육 년이 지난 오늘에야 전북산사랑회원들과 옛 고구려 발자취와 백두산을 탐사하였다.

동방명주호가 인천항에서 중국 단동을 향해 16시간 동안 서해의 검푸른 파도를 갈랐다.

1층은 중국과 한국을 오가며 보따리 무역을 하는 사람들이 물건을 소포장 하느라 북새통을 이루고, 2. 3층 객실은 승객들이 빼곡히 들어차 마치 이재민 수용소 같은 느낌이 들었다. 단동 항이 가까워 오는데 "드르르륵 꿍" 소리와 함께 갑자기 배가 요동쳤다. 문득 영화 「타이타닉」이 연상되며 불안감이 엄습했다. 재빨리 갑판에 나가 보니 우리가 탄 배에 충족의 화물선이 들이받혀서 바다로 가라앉고 있었다. 다행히 화물선 선원들은 모두 구출됐으나, 개 한 마리가 바다와 사투를 벌였다. 그러나 인간들의 무관심으로 끝내 저세상으로 여행을 떠났다.

압록강이 맞닿은 중국과 북한의 국경지대 단동 항의 첫인상은 이름과 달리 하늘과 땅이 뿌옇고 적막이 감돌았다. 그리고 배에서 무거운 화물들을 휘청거리는 계단을 통해 하역하는 모습이 몹시 위험해 마음이 불안했다. 낡은 버스에 몸을 싣고 출국장으로 향하는 길가엔 석탄과 철재가 어지럽게 널렸다. 남루한 옷차림의 노동자들이 삽을 메고 줄을 지어 걸어가는 모습도 눈에 잡혔다. 출국장 천장엔 선풍기가 돌고, 허름한 제복의 세관원들이 만만디 근성으로 거북이처럼 입국수속을 처리하자 저마다 짜증을 냈다.

60년대 한국 농촌 모습을 떠올리게 하는 도로변엔 기와와 벽돌, 그리고 공사장 깃발도 빨간색이었다. 오죽하면 12간지 중 자기 띠가 든 해엔 행운을 가져다 준다고 믿어 빨간 내복과 빨간 양말을 즐겨 신을 정도일까. 중국인들이 붉은색을 좋아하는 이유는 섣달 그믐날 괴상한 괴물이 바다에서 육지로 올라와 인명을 빼앗자 백발 노인이 붉은 폭죽으로 물리쳤다는 전설 때문이다.

단동 시내가 가까워오자 하얀 바위로 이루어진 봉황산이 산객을 유혹했다. 원래 안동이었던 지명을 주은래가 붉은해가 동쪽에서 떠오르는 희망의 땅이라는 의미로 이름 진 단동은 북한의 신의주를 마주보고 있었다. 구도심에 들어서니 8층 이하의 낡은 아파트와 주택들이 혼재하고, 압록강 변의 신도시엔 고층빌딩과 20층 아파트들이 하늘을 찌를 듯 빼곡하게 들어찼다. 그곳도 빈부격차가 극심했다. 어느새 영악스런 한국인들이 부동산투기와 주택임대사업에 손길을 뻗었고, 고급아파트는 40만 위안을 호가했다. 단동 항에서 느낀 첫인상과는 전혀 다른 세계에 와 있다는 생각이 들었다. 반면 단동 신도시의 압록강 변에서 바라본 북녘은 남루한 복장을 한 주민들의 궁색함과 함께 침묵의 땅처럼 보였다. 중국은 2008년 올림픽을 앞두고 국토 균형발전을 위해 단동에도 집중투자를 하고 있었다.

주은래가 안동을 붉은 해가 동쪽에서 떠오르는 희망의 땅 단동으로 개명한 이유를 이제야 이해할 것 같다.

(2006. 8. 20)

주몽의 땅 졸본성

고구려를 건국했던 주몽이 40년 간 머물며 쌓았다는 환인의 졸본산성에 닿자 땅거미가 내렸다. 그 산성도 중국이 동북공정의 일환으로 다섯 개 산봉우리가 마치 여자형상 같다 하여 오녀산성五女山城으로 바꿔버렸다. 우리 역사와 지명들이 일본과 중국에 의해 왜곡된 게 어디 한둘이랴. 유리왕도 한때 머물렀던 졸본산성엔 서문 쪽의 성이 낮고 남쪽은 높은 편이었다. 쌀 창고와 성터, 그리고 금붕어가 사는 서천지(샘터)와 환인이 내려다보이는 전망대가 외롭게 옛 고구려 역사를 대변해 주었다.

올해 최고의 시청률을 자랑했던 인기드라마 주몽은 고조선이 멸망한 뒤 고구려가 건국될 때까지의 이야기를 담고 있다. 부여는 한나라에 굴복하며 살아가는 부속국가였으나 주몽은 속국의 왕보다 한나라에 맞서는 자기 나라 즉 고구려를 건국하려고 노심초사했다. 주몽의 위대함이 빛나는 대목이요, 변화와 혁신과 열정의 표본이 아닐 수 없다. 영표왕자처럼 구중궁궐에서 주지육림에 빠지기보다 상단에서 경제를 배우고 새로운 세상을 꿈꾸며 모험과 도전을 마다하지 않았던 그의 용병술과 지도력이 오늘따라 돋보이는 건 왜일까.

희망의 땅 단동에서 주몽의 땅 졸본으로 가는 길은 10시간의 대장정이자 험로였다. 신의주가 멀어지는가 싶더니 이번에는 이성계가 최영 장군의 명을 어기고 회군하여 말썽을 빚었던 위화도가 다가왔다. 세종 때 함길도관찰사로 있던 최영 장군이 여진족 습격을 대비해 육진을 설치하고 두만강으로 조선의 국경을 확정했던 곳이다. 육진은 고려 공민왕의 북진정책을 이어받은 조선의 이태조, 세종의 진취적 정책에 의해 설치된 조선의 북쪽 경계로 두만강과 압록강 연안까지 뻗치게 된 전진기지였다. 육진 개척은 북서 방면의 니진 설치와 함께 세종이 이룩한 업적이 아닐 수 없다.

고구려 유적답사는 원래 단동–관전–환인–통화–백산–무송–이도백하–장백산 천문봉 코스로 계획했으나, 중국 동북쪽의 수해로 교량이 유실돼 부득이 단동–본계–환인–통화–백산–무순– 송강하–북파 백두산(청석봉) 코스로 변경했다. 선조들의 발자취가 서린 동북3성(요녕성, 길림성, 흑룡강성)의 출발점인 단동에서 본계로 향하는 도로변엔 옥수수밭이 끝없이 이어지며 하와이 사탕수수밭에서 노역으로 시달리던 우리 민족의 애환이 뇌리를 스쳤다. 집집마다 통풍이 잘되도록 지은 옥수수 저장고를 신주단지 모시듯 했다.

만주족과 몽골족 등이 혼재한 요녕성 본계시는 탄광이 많아 공기가 매우 탁했다. 특산물은 도토리, 산나물, 잣 등이 유명했으나 단동시가 눈부신 발전을 하고 있는 반면, 그곳은 가난한 도시였다. 본계시 수통의 석화암 동굴은 눈먼 박쥐, 은어 등이 서식하며 관광객들이 제법 많다고 한다. 청나라 태자가 빠져 죽었다는 무순에서 흘러온 태자하가 이방인을 향해 손짓했다. 만주족자치구로 본계시 관할인 소시小市는 분지였다. 도로엔 중앙선도 없고 차량과 인력거 자전거들이 어지럽게 오갔다. 시멘트공장에서 뿜어나온 먼지가 마을 주변에 수북해 사람들이 살 수 없을 것 같지만 그들은 가난과 열악한 환경을 숙명으로 받아들인 듯했다.

팔달령의 긴 터널은 전력난 때문인지 실내등이 이따금 켜져 어두운 동굴에 들어온 기분이 들었다. 노면이 좋지 않아 버스가 너울너울 춤추고 곳곳이 도로나 교량공사로 멀미를 호소하는 사람들이 점점 늘었다. 화장실이 급하다고 해 양홍에서 버스가 멈췄다. 짐을 실은 마차, 소달구지, 자전거 등이 어우러지고 주택도 빈민가와 현대건물과 아파트가 공조해 한국의 60년대 농촌이 연상됐다.

종교 활동이 척박한 중국의 농촌에 들어선 기독교회의 십자가가 눈길을 잡았다. 부디 하나님의 사랑과 복음을 전하는 교역자에게 축복이 함께했으면 좋겠다. 산간 오지에서 어린 목동이 염소를 몰고 다니는 모습을 보니 소에게 풀 먹이던 유년 시절을 떠올랐다.

졸본성 환인.

한치 앞을 내다보기가 힘들 정도로 짙은 황사지대를 지나며 환경오염의 심각한 모습을 보았다. 도로를 개설한 산 절개지마다 안전시설이 미비해 바윗덩이가 마구 흘러내리고 있어 등에서 식은땀이 흘렀다. 대사령터널을 지나자 수려한 자연경관이 유혹에 못 이겨 차를 멈췄다. 아늑한 휴식공간도 맘에 들었고 친환경적으로 통나무를 뚫어서 만든 남녀화장실이 특이했다.

졸본산성 아래의 자연경관 좋은 협곡 사이로 청류가 맴돌고 휴게소와 산장이 빈객을 맞았다. 휴게소 낭자들의 미인계에 넘어가 포도주 한 병에 5천 원을 주고 구입했는데 그 맛이 엉망이었다. 그 주변엔 규모가 상당히 큰 환인댐도 있었다. 밤이 깊어 가는데도 인민들은 너무 비싼 전기료를 감당하지 못해 아예 전등을 모두 끄고

TV만 켜거나 전등불도 한 개만 켜 놓아 마을마다 적막이 감돌았다.

어쩌다 우리 민족의 기상이 넘치던 옛 고구려의 땅이 암흑세계의 동토도 변했단 말인가. 과연 주몽이 환생해서 돌아온다면 우리 후손들은 그 상황을 어떻게 변명할 것인가. 고구려 발자취를 탐사하는 길에는 인민들의 가난과 궁상과 그리고 고구려사의 왜곡으로 점철된 아픔의 역사가 기다리고 있었다.

(2006. 8. 30)

민족의 영산 백두산

얼마나 고대했던 민족의 영산 백두산과의 상봉이던가. 그러나 백두산이 가까워 올수록 중국의 지도나 안내판엔 백두산의 이름은 모조리 사라지고 장백산이란 지명이 진을 쳤다. 백두산 주봉인 백두봉도 일제때는 천황의 연호를 상징하는 대정봉, 남북이 분단된 후에는 김일성 장군을 지칭하는 장군봉으로 시대에 따라 이름이 변하는 수난을 겪으며 오늘에 이르렀다.

육당 최남선은 백두산 근참기에서 백두산을 우리 겨레 심령의 어머니로 묘사했다. 이중하는 1987년에 백두산정계비定界碑를 놓고 청나라에 대쪽 같은 선비정신으로 맞서며 "이 머리는 베일지라도 국

백두산 청석봉(중국 표석).

토를 줄일 수는 없다."고 항거했었다. 반면 북한은 백두산 천지를 한국전쟁 참전 대가로 중국에게 할양해 버려 국민들의 분노를 샀다. 설상가상으로 우리 여야 의원 54명이 발의하여 국회에 제출된 '백두산 영위권에 관한 확인 결의안'마저도 1984년 국회 외무위원회에서 슬그머니 폐기시켜버렸다. 결국 중국의 고구려사 왜곡과 북한의 방관, 그리고 우리 정부와 국회의 무책임 때문에 백두산의 지명이 지구에서 영영 사라지게 될 운명에 처했다. 이를 후손들에게 어떻게 설명하면 좋단 말인가.

백두산을 찾아가는 길은 무거운 마음만큼이나 너무 멀고 힘든 여정이었다. 청석봉 등정의 경유이자, 숙박지인 길림성 4대 도시 통화에 여장을 풀었다. 그곳의 특산품은 철강과 의약품, 포도집산지로 와인산업이 백년의 역사를 가졌으나 품질이 영 형편없었다. 호텔도 백두산을 찾는 관광객이 일 년 중 4개월밖에 안 돼서인지 사우나 시설은 좋았으나 객실엔 냉장고, 화장실, 전화가 없어 몹시 불편했다. 특이한 것은 아침 8시에 호텔 직원들이 국기 게양대 앞에 도열해서 차이나기 게양식을 해 존경심이 우러났다. 태극기가 일년내내 게양돼 비바람을 맞고 있는 한국과 다른 모습이 심금을 울렸다.

이튿날 백두산 등정의 부푼 꿈을 안고 통화에서 네 시간을 달렸다. 집집마다 석탄가루를 쌓아놓고 연료로 사용하고 기차가 석탄을 싣고 달리는 탄광촌 백산시 동골에 닿았다. 허름한 제재소의 인부들이 목재를 목도로 운반하고, 삼륜차, 오토바이, 자전거가 거리를 분주히 오가는 모습들은 시골장날을 연상케 했다.

백두산(장백산) 주차장에는 관광버스와 인파가 인산인해를 이뤘다. 당산나무를 연상케 하는 거대한 자작나무에 빨간 천을 감아 놓아 신령스러움이 묻어났다. 중국 정부에서 운영하는 셔틀버스로 갈아타고 백두산 청석봉 주차장까지 40분 동안 달렸다. 예전에는 백두산 관리는 조선족자치구에서 했으나 중국 길림성에서 관리권을 회수해 간 뒤부터 입장료도 인상했다. 청석봉에서 천문봉까지 7시간 종주코스도 웃돈을 더 요구하고 관광객들이 불심검문하거나 입산코스를 갑자기 통제하기도 했다.

남원 육모정에서 지리산 정령치를 오르는 것처럼 하늘 길을 곡예를 하듯 오르면 안개에 휩싸인 백두산 야생화가 산객을 맞았다. 청석봉은 비교적 완만해서 산 정상 아래 주차장까지 버스로 오를 수가 있으나, 청석봉은 지프로 오르거나 걸어야 했다. 주차장에는 인파들이 북새통을 이뤄 공안원들이 질서유지에 애를 먹었다. 등산로 주변에 쓰레기가 널려 있고 빗물에 침식된 헐벗은 백두산의 몰골이 애잔했다. 1,236개 계단을 아내와 함께 가쁜 숨을 몰아쉬며 오르자 갑자기 안개가 자욱하게 몰려왔다. 설상가상으로 비까지 쏟아졌다. 일 년에 스무 날만 얼굴을 보여준다는 천지는 수줍은 새색시처럼 안개 속에서 숨바꼭질하며 산객의 애간장을 녹였다.

'중국中國'과 '조선朝鮮'이란 빨간 글씨가 양면에 새겨진 국경의 표석을 품에 안고 백두산과 첫 상봉의 감격을 누렸다. 이로써 중국의 장백산과 북한의 백두산을 한꺼번에 모두 밟은 셈이다. 정상 등정식을 마치고 나니 시야가 조금씩 트이기 시작했다.

화구호 또는 용왕담龍王潭으로 불리는 천지로 내려가는 유일한 길인 남쪽의 바위를 통해 부석浮石이 깔린 곳은 평탄한 땅과 절벽이 호수에 접해 있다. 푸른 물색에 구름이 있어 신비롭고 그윽한 경치를 이루며 주위는 가파른 벽이 둥그렇게 호수를 둘러싸고 있고 겨우 북쪽이 열려 물이 흘러가는 곳이 바로 달문이다. 그 천상수天上水를 만강이라고도 하는데 용암 벽에 걸려 비룡폭포와 협곡을 만들고 송화강이 발원해 중국으로 흐르게 된다.

천지에서 내려다본 그 격감, 그리고 환희와 가슴 벅찬 용솟음을 무엇으로 표현하랴. 천지는 흙도 아니고 돌도 아닌 흡사 백회를 깔아 놓은 듯한 흰 부석무더기들이, 마치 백년설이 녹지 않은 듯한 장관을 연출한다. 세계에서 가장 높은 곳에 있는 못, 바로 하늘 아래 첫 못이라는 의미의 천지가 아닐까 싶다. 그곳에 김일성 주석이 생전에 즐겨 먹었다는 산천어 3종을 방류했다는 설이 있고 중국 장백산자연보호관리국 과학연구소 황상동시가 망원경으로 찍은 괴상하고 징그러운 모습의 괴물이 오래 전부터 인터넷에 올려져 화제다. 천지의 대부분은 바닥에서 솟은 지하수이고 나머지는 아홉 달

동안 내리는 눈과 빗물이다. 주변엔 백합처럼 하얀 야생화가 지천으로 피어나고 절벽엔 천태만상의 기암괴석들이 형용할 수 없는 황홀경으로 빠져들게 한다.

이 때문에 우리 선조들은 민족의 성산 또는 영산, 신비스러운 산으로 일컫는다. 단군조선의 탄생설화가 잉태되었고, 우리 민족의 혼이 살아 숨 쉬는 백두산은 중국과 우리나라 국경이 되었다. 만주로 불리는 요동벌과 옛 고구려 영토이자 일제 강점기에 우리 민족이 쫓겨가 삶의 터전을 일구었던 우리 땅 북간도도 지척이다.

우리 땅에서 기가 가장 센 곳은 지리산, 묘향산, 월출산인데 백두산은 그 산들보다 두 배나 기가 세어서인지 천지에 올라섰을 때 온몸에 느껴지는 오싹한 기가 전해 왔다. 백두산 정기를 세 시간만 받으면 건강이 좋아지고 만사형통한다는 선조들의 말씀이 현실로 다가옴을 느낄 수 있다.

(2006. 8. 31)

백두산 대협곡

북한은 중국에게 백두산을 팔아먹고, 중국은 백두산에서 미사일 발사 실험을 했다는 보도가 가슴을 저미게 했다. 그뿐인가. 최근 중국은 백두산을 장백산으로 왜곡해서 유네스코 세계유산으로 등록할 준비와 함께 천지 물로 생수생산 그리고 2018년 동계올림픽 유치를 위한 시설확충과 백두산 특산물 세계브랜드화에 혈안이 돼 있었다. 두만강, 압록강, 송화강의 발원지인 천지에서 흘러나오는 물로 세수를 하니 손이 아리도록 차가웠다.

천지에서 천문봉 옆으로 장백폭포가 흘러 두만강을 이루고, 청석봉 옆 백두산 협곡으로 압록강이 흘렀다. 두만강은 우리나라와 중국의 국경지대를 흐른다. 중국유역이 약간 넓으며 북한의 양강도 삼지연군 무주봉 북동쪽에서 발원해서 국경을 이루다가 동해에 살을 섞게 된다. 우리나라 5대강으로 압록강과 더불어 망국의 한을 주제로 한 노래가 많았다. 고 김정구 씨가 부른 「두만강」은 국민의 노래였다. 송화강松花江은 중국 동북지구 중심부인 흑룡강의 최대지류로 하천교통에 의해 길림성 하얼빈 등의 도시가 연결된다.

백두산에서는 나무 한 그루 구경할 수 없고 바람만 거세게 불었다. 그리고 백두산 화장실의 모든 배설물들이 화장실 뒤편의 하수구로 마구 쏟아지고 있어 백두산 협곡의 오염이 심각했다.

반면 백두산 대협곡은 입구에서부터 모든 길을 나무로 만들어 백두산의 환경이 훼손되고 헐벗은 모습과는 대조적이었다. 고대 원시림을 방불케 하는 울창한 숲과 쓰러진 고사목들이 즐비했다. 고비를 비롯한 고산 식물들도 마음을 즐겁게 했다. 잘 보존된 숲과 달리 압록강 상류인 백두산 협곡은 천길 절벽 아래에 강물이 흘렀다. 협곡 가장자리의 양 언덕은 마구 무너져 내리며 석회암이 각양각색의 동물 형상을 빚고 있었다. 협곡과 기기묘묘한 형상의 석회암은 아름다웠으나 협곡으로 자꾸만 무너져 내리는 양 언덕의 모습이 무척 위험하게 보였다.

그 물줄기는 오늘도 민초들의 삶을 가슴에 안고 유유히 흐르고 흘러서 단동 앞에서 서해로 몸을 섞게 된다. 그리고 불가의 윤회輪廻처럼 다시 증발되어 수문순환水文循環을 끊임없이 반복하고 있었다.

사랑하는 남녀의 이름을 작은 장식물에 써서 큰 나무에 매달아 주렁주렁 매달아 놓거나, 열쇠 두 개에 두 여인의 이름을 써서 협곡

백두산 대협곡.

을 던지는 모습과 큰 나무에 쇠사슬로 매달아 놓은 합환대合歡臺 행사에 참여하면 영원히 사랑할 수 있다고 믿는 의식이 눈길을 잡았다. 장삿속으로 이용하는 행위지만 얼마나 위트있고 해학적인가.

백두산에서 야생화가 가장 아름답다는 고산화원高山花園에 들렀으나 철지난 탓으로 야생화는 이따금 있을 뿐 고즈넉한 분위기가 감돌았다. 서울의 둔촌초교를 비롯한 많은 초등생들이 수학여행을 왔으나 하나같이 즐거운 표정이 아니었다. 불현듯 어머니가 싸 주신 꽁보리밥과 단무지 반찬으로 싼 도시락과 사이다와 오징어를 사들고 신바람을 내며 고향 뒷산으로 소풍가던 마냥 행복하고 즐거웠던 유년시절이 떠올랐다.

(2006. 8. 31)

광개토대왕의 왕릉

만주벌판을 호령하던 고구려 광개토대왕의 발자취를 찾아 집안集安으로 향했다. 강원도 두메산골을 연상케 하는 산길을 넘어가면 경관이 좋은 산기슭의 암벽에 새긴 소강남小江南이란 암각이 눈길을 잡았다.

광개토대왕 능은 엄숙한 유적지가 아닌 외화벌이를 목적으로 한 관광 상품과 장뇌삼을 파는 노점상들이 득실거렸다. 왕릉의 유적지엔 네잎클로버가 무성하게 자라고 벤자민이 인도에 열병하는 것처럼 줄지어 서 있었다.

중국은 동북공정의 일환으로 고구려 역사를 왜곡하기 위해 광개

광개토대왕비를 모신 누각.

토대왕비를 호태왕비好太王碑로 고쳤다. 일제 때도 글씨가 왜곡되는 수난을 겪기도 했다. 교과서에서만 봐 왔던 유적지는 유네스코문화유산으로 지정됐고 들판에 서 있던 비석을 누각에 안치해 다행스러웠다.

거대한 왕릉은 봉문의 돌무더기가 흘러내려 유적관리의 허술함이 한눈에 엿보였다. 도굴꾼들에게 훼손당한 왕릉은 대리석만 덩그렇게 놓여 있고 화폐가 어지럽게 뿌려져 있었다. 왕릉에서 바라보니 사면이 산에 둘러싸인 시가지와 압록강이 한눈에 잡혔고 그 너머로 평안북도에서 분리된 북한 자강도의 산등성이가 온통 밭으로 개간돼 몰골이 황량했다.

광개토대왕과 달리 그의 아들인 장수왕 능은 의외로 보존 상태가

장수왕릉.

좋았다. 7층의 석탑 형상으로 쌓아올린 1층 사면마다 큰 돌을 세 개씩 모두 열두 개를 세웠는데 동쪽 한 개의 행방이 묘연했다. 광개토대왕의 고인돌은 50톤, 장수왕의 고인돌은 20톤이란다. 5층 석탑에 올라 무덤 안으로 들어가니 거대한 고인돌 두 개를 유리관으로 덮어 놓았다. 내부는 결로현상으로 습기가 많았으나 외부는 원형 그대로 잘 보존됐다. 십 리쯤 떨어진 채석장에서 거대한 그 돌들을 수로를 통해 옮겨왔다고 하니 백성들이 얼마나 노역으로 시달렸을까. 98세까지 오래 살아서 장수왕으로 불렸는지 모르지만 그 우측엔 왕비, 또는 공주의 무덤이 북방식이 아닌 남방식 고인돌 무덤으로 안치돼 신기했다. 너무 오래 살아서 딸을 먼저 보내야 했던 장수왕의 심정은 어땠을까.

집안 시가지로 들어서자 국내 성곽이 강변을 따라 이어졌다. 서문 성터는 아파트단지 뒤로 울타리처럼 쌓여 원형이 보존돼 있었으나, 동서남문의 삼면 석성은 개인 주택 담장으로 사용되는 등 그 훼손 상태가 심각했다. 광개토대왕의 발자취가 서린 집안시는 분지로 겨울은 따뜻하고 여름은 무더운 편이며 삼면이 산으로 둘러싸여 있고 압록강 변만 길이 열려 있었다. 중국의 땅은 눈부신 발전과 함께 관광객을 대상으로 기념품 판매와 유람선을 띄우는 등 외화획득에 총력을 기울이며 도시 전체에 활기가 넘쳤다. 반면 망원경으로 바라본 압록강 건너 북한 자강도는 헐벗은 산자락과 빈민촌, 그리고 주민들의 궁상스런 모습과 군 초소만 보일 뿐 삶의 의욕마저 잃어버린 침묵의 땅처럼 느껴졌다.

북한공산당에서 운영하는 묘향산주점은 중국 베이징의 북한식당보다는 한수 아래였다. 그리고 중국은 경관이 수려한 곳마다 유원지를 만들어 관광객을 상대로 음식과 상품판매에 열을 올리고 있는 반면, 북한은 탈북을 막는 군인들의 막사가 자리잡고 있었다. 내 마음이 이렇게 아프고 쓰라린데, 옛 고구려 땅과 만주벌판을 호령하던 광개토대왕이 부활해서 그 광경들을 본다면 과연 뭐라고 했을까.

(2006. 8. 31)

민족의 젖줄 압록강

압록강은 폭우로 인하여 누런 물결이 넘실거렸고 한국전쟁 때 끊어진 압록강 철교가 애처롭게 다가왔다. 그 옆엔 단동과 신의주를 잇는 새로운 철교가 놓였다. 강 가운데는 골재채취장이 많았다. 반면 강 건너엔 남루한 옷차림의 북한주민들이 분주하게 오갔다. 압록강엔 백여 개의 크고 작은 섬이 있으며 가장 넓은 곳은 2km에 달했다. 단동은 심양에서 연결되는 철도의 종점이지만 압록강대교 건너편에 마주보이는 신의주로 통하는 교통요충지였다.

1911년 준공, 1950년 11월8일 압록강철교 단교라고 쓰인 표석에서 아내와 20위안을 주고 한국전쟁 때 폭격으로 끊어진 압록강 철

압록강 표석.

교를 걷다가 돌아오니 감회가 남달랐다. 다시 50위안을 지불하고 쾌속선을 타고 압록강 철교를 거쳐 위화도와 신의주의 강가를 따라 달렸다.

강변엔 빈틈없이 줄지어 선 낡은 어선엔 어부들이 삼삼오오 모여서 화투를 치거나 담소를 나눴다. 북한 경비정에 있는 남자군인들은 우리가 인사를 건네도 아무런 대꾸가 없이 무뚝뚝한 반면 여군들은 반갑다고 손을 흔들며 말을 걸어왔다. 고기를 잡거나 지나가는 인민들도 반갑게 인사하거나 우리에게 손짓했다. "21세기 태양 김일성 만세"라고 쓴 현수막의 붉은 글씨가 선명하게 다가왔다. 압록강을 사이에 두고 국경을 이루는 두 나라의 모습이 너무 달랐다. 초라한 몰골과 침묵하는 동토가 북한이라면 중국 단동은 고층빌딩들이 하늘을 향해 솟구치며 활력이 넘쳤다.

압록강 단교표석.

북한 산하인 위화도와 신의주, 압록강 철교, 단동 시가지가 한눈에 잡히도록 회전되는 국제호텔 23층 스카이라운지에서 조찬을 들며 조망을 즐겼다. 폭우로 인해 신의주를 사이에 두고 삼각지처럼 맴돌아 가는 누런 황톳물의 압록강이 서해를 향해 질주했다. 큰 도로변엔 포장이 잘됐으나 이면 도로엔 물이 고인 비포장도로가 불결하기 짝이 없다.

광활하고 웅대한 경관이 전개되는 압록강 연안엔 한국 특유의 섬세하고 우아한 곳이 많다. 그 강의 수원을 이루는 백두산은 무한한 관광자원으로 많은 개발가능성을 지니고 있으며 개마고원의 부전호와 장진호 등이 조선 8경의 하나로 꼽혔다. 압록강은 고구려 신화와 관련되어 신화적 사유의 대상이 되었으며 후대로 내려오면서 시적 정서를 표출하는 배경이나 대상이 되기도 했다. 산문으로는 박지원의 『열하일기』 가운데 도강록이 유명하다. 일제강점기의 압록강은 정든 고향과 부모처자를 이별하고 만주나 북간도 등으로 떠나는 소재가 되었다. 광복직후의 작품 속에서는 마음의 고향을 의미하는 상징으로 나타났다. 압록강은 신화적 의미를 지닌 상징적 배경으로 등장하여 시대적 상황의 변화에 따라 다양한 모습으로 한 민족의 심성에 비추어진 강이다.

압록강은 우리나라와 중국의 동북지방 만주 사이에 국경을 이루면서 흐르는 가장 긴 강이다. 백두산에서 발원 서쪽으로 혜산과 신의주를 거쳐 용암포 초하류에서 황해에 골인한다. 예부터 암강, 청하, 마자수, 패수, 엄리대수 등으로 불렸으며, 중국에서는 황하강, 양자강과 함께 천하의 삼대수라 했다. 울창한 원시림을 이룬 이 유역은 산림자원의 보고로 일본이 러일전쟁 때 압록강 목재를 벌채하여 얻은 수익금으로 전쟁비용을 충당하기도 했다.

어쩌면 압록강은 서울에서 개성과 평양, 그리고 압록강 철교와 옛 고구려 땅을 지나 유럽으로 가는 철길이 하루빨리 열리기를 고대하고 있는지도 모른다.

(2006. 8. 31)

천리장성과 일보과一步誇

고려장성 또는 박작성으로 불리는 천리장성은 고려 북쪽 변방에 쌓은 성이다. 압록강을 사이에 두고 천리를 국경을 삼아 쌓은 그 성은 거란족과 여진족의 국경을 설정해 침입과 문화, 그리고 혈통적 혼요를 방지하는 데 목적이 있었다. 1033년 덕종왕이 평장사 유소에게 관방을 쌓게 했다. 압록강 어귀로부터 의주와 평남 맹상, 평북 운산, 함남 영흥과 연결 동해로 이어지는 한국 역사상 가장 큰 규모였다. 1044년 정종 때 완성, 오랫동안 북방 방어선으로 이용됐는데 지금도 의주지역 여러 곳에 유적을 찾아볼 수 있었다. 그런데 중국은 고려장성을 호산산성으로 왜곡해 놓고 만리장성의 동쪽

천리장성.

끝 출발점은 하북성의 산해관이 아니고 호산산성이라고 우겼다. 만리장성의 동단東端－기점起點이란 안내판이 마음을 아프게 했다.

중국인들이 산의 형세가 호랑이를 닮았다는 뜻으로 호산산성虎山山城 현판을 3층의 성루에 걸어 놓았다. 돌 계단을 올라서면 산성의 첫 성루엔 병사들은 간 곳 없고 사진사가 옛 장군과 병사들의 갑옷을 걸어놓고 관광객을 대상으로 사진을 찍으며 돈벌이를 하였다. 산줄기를 따라 양측에 석축을 쌓아 총과 활을 쏠 수 있게 만들었는데 성루 바닥은 훼손 상태가 심했다, 아홉 개의 누각이 요소마다 우뚝 서 있다. 압록강과 주변 마을이 한눈에 잡히는 것으로 보아 적의 침입을 감시하는 망루 역할에 훌륭했다. 완만하게 오르던 성벽이 제5호 망루에서 최고봉인 6호 망루를 오르는 구간은 급경사여

천리장성.

서 한바탕 땀을 쏟아야 했다. 북한 땅이 한눈에 잡히고 계속 이어질 것으로 생각됐던 석성은 우측 압록강변으로 줄달음치다가 끝을 맺었다. 강 건너편에서 또다시 성이 시작되는 듯했으나 성터나 망루는 찾을 길이 없었다.

고려장성을 내려와 산성 아래를 통과하는데 어린 소녀들과 장사꾼들이 과일과 조잡한 기념품을 사라고 호객했다. 눈망울이 초롱초롱한 소녀들의 애원에 못 이겨 구입한 오리알은 너무 짜고 복숭아와 옥수수는 맛이 없었다. 강 지류를 따라 걷다가 중국 전통가옥에 들렀다. 중앙은 부엌이고 양측엔 방인데 절반만 온돌로 어설프게 만들었다. 냄새가 진동하는 좌측 방으로 관광객들이 다가가자 시각장애자인 어린 소녀이 어머니의 신호에 따라 하모니카로 「아리랑」

을 연주하며 박수를 받았다.

압록강 변에서 중국과 국경을 이루는 북녘 땅과 가장 가깝게 살을 맞대고 있는 곳이 압록강 국가중점 풍경구에 있는 일보과一步誇였다. 그 강을 사이에 둔 중국과 조선의 국경(중조변경中朝邊境) 가운데서 가장 가까운 곳이고 북녘 땅은 의주군 방산리였다. 그 바위 옆에는 붉은 글씨로 여덟 치와 한자 사이를 일컫는 매우 가깝다는 뜻의 지척咫尺이라 쓰인 두 글씨와 뒷면에는 명나라 주원장의 압록강 시 한 수가 적혀 있다. 중국은 모든 것을 관광자원화해서 외화획득에 혈안이 됐다. 호산산성 입장료 50위안, 망원경을 한 번 보는 데 20위안, 낡은 구명조끼 입고 좁은 수로를 한바퀴 도는 데 20위안을 받았다.

북한 방산마을 일보과 표석 앞의 압록강 지류에서도 어김없이 중국인들이 돈벌이로 보트를 이용해 관광객을 실어 날랐다.

한 발짝만 훌쩍 건너뛰면 갈 수 있을 것 같은 중국 압록강변의 지류 일보과 표석 앞에서 내 나라 땅을 갈 수 없는 분단의 설움을 곱씹으며 아쉬운 발길을 돌렸다.

(2006. 8. 31)

고구려사 왜곡하는 중국과 한국의 대응

중국은 고구려사 왜곡에 혈안이 돼 있는 반면 북한은 꿀 먹은 벙어리고, 우리 정부의 대응전략은 큰 구멍이 뚫렸다는 우려 섞인 목소리가 높다. 2004년에 설립되어 고구려사 연구를 해 오던 고구려연구재단이 정부의 요구로 두 해 만에 해산되고 말았기 때문이다. 더구나 그 대안으로 설립된 바 있는 동북아역사재단은 일본과의 역사왜곡과 독도문제가 불거지자 장기적, 체계적으로 전담할 기관을 설치한다고 서둘렀으나 2년이 다 되도록 오리무중이다.

중국의 100여 개 대학의 역사교재가 고구려에 이어 고조선, 부여, 발해가 동북공정의 왜곡내용을 그대로 싣고 있다는 고구려연구

재단 김현숙 박사의 주장이 가슴을 더욱 아프게 했다. 이는 2004년 한국과 중국 5개항 구두양해와 상반될 뿐만 아니라, 2000년부터 대학교재들이 고구려를 한국사에 속하지 않은 것으로 서술하고 있기 때문이다. 그들은 한술 더 떠서 부여. 고구려. 옥저. 예맥 등이 중국 한나라 때 동북지구의 소수민족이었으며, 고구려 선조가 중국의 옛 민족인 고이高夷라고 허무맹랑한 억지논리를 펴고 있다.

또 일부 교재들은 고대일본이 한반도 남부를 지배했다는 일본학계 일부의 '임나일본북부설'을 사실인 것처럼 기술하는 등 한국사 서술에 대해 심각한 왜곡을 드러냈다. 아직 중국 중·고교 교과서에는 고구려사 왜곡 내용이 반영되지 않았지만, 중국 중·고생들이 대학에 들어간 이후에는 동북공정의 역사관을 고스란히 교육받게 될 것이 자명하다. 이렇게 왜곡의 수위를 높여가고 있는 상황에서 자칫 역사의 주도권을 빼앗길 수 있다는 우려의 목소리를 정부는 아는지 모르는지 가슴이 답답해 온다.

"기원전 37년, 부여인 주몽이 서한西漢 현도군 고구려 현에서 건국한 고구려는 한漢·당唐나라 때 중국 동북의 소수민족정권이었다." 또한 "역대 중국왕조와 예속관계를 맺어왔으며 중원 왕조의 제약과 관할을 받은 지방정원이었고 정치·문화 등 각 방면에서 중국왕조의 강렬한 영향을 받았다."

이는 중국 언론들이 자국 내 고구려 유적의 세계문화유산 등재사실을 2006년 1월에 일제히 보도한 내용의 일부다.

자고로 고대 조선과 중국의 국경은 요하－흑룡강, 현대는 압록강－두만강, 남북은 임진강－한강이 선이었다. 그럼에도 북한은 중국의 억지 주장과 동북공정에 대하여 공식적으로 찬반의사와 견해를 밝히지 않고 은연중에 수용하고 있다는 해석이 나올 정도다. 그동안 한국은 김일성이 사망하면 북한이 붕괴된다고 생각했으나 정반대였고, 미국 · 일본에서는 탈북자를 많이 유도하면 자연 붕괴된다고 분석해서 법령까지 제정했으나 수포로 돌아가고 말았다.

우리나라 하천 연구에 평생을 바쳐온 이형석 백두문화연구소장은 만약 북한 김정일의 체제유지를 위한 중국 동북 제4성 선택 가능성을 염려하기도 했다. 그런데 오비이락이랄까. 올해 초 북한의 조선중앙통신 등은 김정일의 중국방문을 보도했고, 북한은 무산철광 50년 개발권을 중국기업에게 주기도 했다.

우리는 조선이란 국명을 북조선(북한) 때문에 경원시하고 한국이란 국명을 선호하는 경향이 있다. 우리도 한때는 남조선이란 명칭을 사용했었다. 우리 국민은 유난히 한민족, 한반도, 대한민국 등 한韓을 우리 민족의 상징으로 생각하나 이는 마한 · 진한 · 변한 등 대체로 한강 이남에 위치하였던 삼한을 지칭한 국명이었다. 한국이란 기록은 일본의 상고사인 『일본서기』에 처음 기록된 호칭이며 대한민국의 근원은 대한제국이란 명칭도 한일합방 전에 일본의 앞잡이인 개화파에 의한 국명이라는 주장이 많은 실정이다. 즉 중국의 황제국에서 분리하여 제한제국의 자주독립국으로 격상시킨다는 미명하에 식민지로 합병하기 위한 과정의 하나였고. 중국에도 한강漢江이 있었고 중국 칠웅 중에 한나라가 존재했다.

일부학자들은 '마한정통론'이나 '한'이 크다, 높다, 위대하다(감건곤) 등의 환桓, 칸 등으로 주장하나 이를 입증할 만한 객관적이고 명확한 근거를 제시하지 못하고 있다. 즉 대한제국이나 대한민국 명칭을 선정해서 추진한 고종황제, 건의자 김홍집을 비롯한 개화파, 그리고 상해 임시정부 관계자들이 환桓, 칸의 의미로 주장한 자료는 찾을 수 없다. 예부터 선조들은 고조선, 고구려, 발해는 송화강, 요하유역까지, 고려, 조선은 압록강과 두만강을 경계로 그 남쪽을 지칭하며 한강 이남을 삼한이라 했다.

중국야후에 고구려·발해의 역사가 조선 역사란 우리의 주장에 대해 강한 역공을 펴면서 전국적인 붐을 조성하고 있어 그 깊은 내면적 의미와 의지가 무엇인지 예측하고 대비할 필요가 있다. 주은래는 1962년 조중변계조약(백두산 신정계비건립)을 북한 김일성과 체결 후 1963년 여름 북한 학자들에게 고구려는 조선의 역사라고 솔직히 인정하는 기록을 남기기도 했다. 그런데 이제 와서 중국의 관영 언론들은 고구려는 중국 변방의 소수정권이라고 정반대론을 발표하며 억지를 부리고 있는 실정이다.

이러한 상황에서 북한이 선택할 수 있는 방안은 무엇일까. 북한은 중국의 큰 우산 속으로 들어가 체제를 유지할 방안으로 동북지방 제4성으로 편입하는 것도 예상할 수 있다. 만약 미국이나 일본이 북한을 공격하거나 전쟁을 벌였을 때 남한이 이를 막아주지 않는 다면 북한은 체제나 생존유지를 위해 중국의 동북 4성 편입을 희망할 수 있다는 역사학자들의 생각이 기우였으면 좋겠다. 중국은 옛 고구려 영역으로 환영하며 이를 받아들일 수도 있다.

북녘 땅을 잃고 통탄하며 민족과 청사에 씻을 수 없는 오점을 남기는 방관자가 돼서는 안 될 일이다. 요즘 소 잃고 외양간 고친다는 속담이 자꾸만 상기되는 것은 왜일까. 중국인들의 가슴속에는 국토에 대한 욕심과 우리 못지않게 뿌리박혀 있기 때문이다. 예컨대 한국인은 중국의 위인을 공자로 생각하는 반면, 중국인들은 영토를 넓힌 진시황제를 1위, 모택동을 2위로 꼽고 있는 사실에 주목해야 한다. 우리 국경선은 압록강과 두만강으로 만족해야 하며 백두산 백두봉을 조중변계조약에 의해 국제법적으로 합법적이며 정당하고 분명하게 우리 땅으로 편입되었음을 역설해야 한다.

고구려역사가 우리 역사라는 사실을 보다 객관적으로 가능한 증거를 제시하며 상대방을 이해하도록 할 수밖에 없다. 예컨대『한단고기』,『규원사화』,『천부경』등 같은 우리 역사서나 자료보다 중국인들이 인정하는 사서史書 등의 자료를 증빙자료로 제시해야 한다. 절대 중국인들에게나 중국에 가서 고구려와 발해 등 우리 옛 강토를 회복한다는 주장을 펴는 것은 절대 금물이다. 대안 없는 주장은 자칫 논쟁이나 감정을 불러일으킬 수밖에 없기 때문이다.

(2006. 9. 1)

■ 작품해설

마당발 수필가 김정길의 세상 누비기

– 벽송 김정길 제2수필집 『지구를 누비는 남자』

김 학

(수필가, 국제펜클럽 한국본부 부이사장)

1. 수필가 김정길, 그의 문학적 환경

수필가 김정길, 그는 화려한 경력의 소유자다. 전주상공회의소 기획진흥실장으로서 퇴직한 뒤 전라북도 산악연맹 상근부회장으로 자리를 옮겨서도 여전히 눈코 뜰 새 없이 바쁘게 산다. 그러면서도 수필창작활동을 게을리하지 않아 믿음직스럽다.

그는 이미 2001년에 『전북 백대 명산을 가다』란 두툼한 등산 안내서를 출간하였다. 또 2003년에는 격월간 『수필과비평』에서 수필가로 등단하더니 2005년에는 처녀 수필집 『어머니의 가슴앓이』를 상재하였고, 또 3년 만인 올해에 제2 수필집 『지구를 누비는 남자』를 출간하기에 이르렀다. 한마디로 작가의식이 투철하고 창작열이

치열하며 부지런한 수필가라 하지 않을 수 없다. 누구에게나 주어진 하루 24시간을 그는 48시간쯤으로 늘려서 사용하는 것 같다.

수필가 김정길, 그의 활동범위는 대단히 넓다. 대한산악연맹 전북연맹 상근 부회장, 전북산사랑회 회장, 호남지리탐사회 회장, 모악산명산가꾸기 자문위원, 모악산지킴이 회장, 백두대간 생태숲 복원사업 자문위원, 만경강생태하천가꾸기 위원 등 산사나이로서 눈부신 활동을 하고 있다. 또 수필가로서는 임실문인협회 감사와 행촌수필문학회 4대 회장을 맡아 동분서주하면서 이렇게 두 번째 수필집을 펴내게 된 것이다.

그밖에도 김정길 수필가는 전북숲해설가부회장, 전주시민의 장 심사위원, 전주국제영화제후원회 위원, 사회복지공동모금회 위원, 노동청취업지원사업 심사위원, 군산공항활성화추진협의회 위원 등 폭넓은 사회활동을 하고 있으니 마당발이란 별명이 그에게 잘 어울린다고 하겠다.

수필가 김정길, 그는 산山사랑과 수필쓰기, 봉사奉仕활동 그 세 가지를 위하여 태어난 사람 같다. 친화력이 강한 그는 누구나 한번 만나면 10년지기처럼 가까워진다. 그러기에 그의 주변에는 언제나 사람들이 모여든다. 이처럼 폭넓은 사회활동을 하면서도 장남으로서 6남매의 우애를 돈독히 하고, 노부모를 잘 섬기며, 아내와 아들 형제를 잘 다독거려 화목한 가정을 꾸려가고 있다. 가정과 사회 두 분야를 조화롭게 잘 가꾸고 있는 것이다. 가화만사성의 전범을 보여주는 우리 시대의 진짜 선비가 바로 김정길 수필가가 아닐까 한다. 그의 눈부신 사회활동과 폭넓은 사회참여는 바쁘게 사는 그에게 다양한 수필소재를 제공해 주기도 한다.

수필가 김정길, 그는 일찍부터 전북일보와 전북도민일보 등의 신문과 시사전북, 전주상공, 월간 산, 코오롱 스포츠 등의 잡지에 우리 고장의 산과 강 이야기 그리고 칼럼 등을 연재하고 있을 뿐 아니라 우리 고장의 라디오와 텔레비전에도 자주 출연하였기 때문에 지명도가 꽤 높은 편이다.

수필가 김정길, 이순의 문턱에 접어든 그는 젊은이 같은 열정으로 생산적인 삶을 살고 있다. 이제 그의 눈에는 수필을 찾을 수 있는 안경이 드리워져 있다. 어떻게 수필의 소재를 찾고 어떻게 요리해야 독자의 입맛에 맞을지를 잘 안다. 이제 그의 수필 속으로 들어가 보기로 하자.

2. 수필가 김정길의 수필세계

문장삼이文章三易란 말이 있다. 수필의 문장은 '보기 쉽고, 알기 쉽고, 읽기 쉽게' 쓰라는 뜻이다. 수필가라면 거의 모두가 아는 금언이지만 막상 창작에 들어가서는 제대로 되지 않는 게 문장삼이이기도 하다. 헤밍웨이 같은 대문호까지도 오죽하면 "글은 쉽게 쓰는 것이 더 어려운 법"이라고 했겠는가?

수필은 작자인 '나'의 시각에서 출발하여 '나'의 생각으로 글을 끌어나가기 때문에 작자의 인격이 글속에 그대로 나타나게 마련이다. 그것이 수만의 묘미인 것이다.

아내는 우리 가족들의 튼실한 두 다리를 승용차에 비유해 11호 자가용이라고 부른다. 우리 부부와 두 아들까지 합하면 11호 자가용이 4대고, 장롱 운전면허도 4개나 돼 마음이 항상 부자라고 한다. 어쩌면 우리 가족에게 운전면허를 취득하도록 권장해 놓고, 건강하려면 걸어다녀야 한다며 승용차를 구입하지 않는 나를 은근슬쩍 꼬집는 말인지도 모른다. 두 아들은 한술 더 떠서 승용차가 없는 우리 집을 천연기념물로 지정해야 한다고 목청을 높이곤 한다.

—「11호 자가용」 서두에서

화자는 산사나이인 만큼 다리 하나는 튼튼할 수밖에 없을 것이다. 등산으로 다져진 몸이니 그의 건강을 누가 따르랴. 식구 수대로 자가용을 타는 이들이 수두룩한 이 때 희한한 가족임이 분명하다. 그러나 이러한 화자의 집안에도 변화의 물결이 외면할 리 없다.

꼭 그래서는 아니지만 드디어 우리 집에도 큰 변화의 물결을 피해갈 수 없었다. 지난해부터 대학교와 학원에 강의를 나가는 큰아들과 시골에 계신 부모님을 자주 찾아뵙는 아내의 성화에 못 이겨 승용차를 구입했기 때문이다. 때를 기다렸다는 듯이 올해 대기업에 취업한 작은아들도 승용차를 사야겠다고 배수진을 치고 나왔다. 그러니 큰아들에게 승용차를 빼앗겼다며, 우리 부부 몫으로 다시 승용차를 구입했으면 하는 아내의 바람을 언제까지 모르쇠할 수 있을지 모르겠다.

이제 더 이상 우리 가족은 두 아들이 주장하던 천연기념물이 아닌 것 같다. 아무래도 문화재청에 우리 가족의 11호 자가용에 대한 천연기념물 지정을 해제해 달라고 요청해야 할 때가 온 성싶다.

그래도 내 11호 자가용만은 건강이 허락하는 한 세상 누비기를 멈추지 않으련다.

—「11호 자가용」 결미에서

결국 화자의 집에도 변화의 물결이 찾아왔다. 필요가 발명의 어머니라고 하지 않았던가. 반전의 기법을 활용하여 재미있게 구성한 작품이다. 대개 여자는 '101호' 남자는 '111호'라고 하던데 이 화자의 집에서는 남녀 구분 없이 모두 '11호 자가용'이라고 한 게 이색적이다. 이 작품에서도 자식 이기는 부모 없다는 속담의 의미를 깨달을 수 있다. 그리고 튼실한 11호 자가용으로 세상 누비기를 계속하겠다는 무언의 약속이 내포되어 있다.

노무현 전 대통령은 부정과 비리로부터 자유로웠다. 한마디로 깨끗한 대통령이었다. 그런 대통령을 가졌다는 게 얼마나 기쁜 일인가. 게다가 퇴임 후엔 역대 대통령과 달리, 불의에 대쪽같이 맞섰던 조상들의 선비정신을 본받아 몸소 낙향하여 서민들에게 웃음과 행복을 선물하는 행복전도사로 변모했다.

—「노무현, 그 행복 전도사」 중에서

노무현 전 대통령의 고향을 찾아가서 전임 대통령을 만나고 쓴 기행수필이다. 전임 대통령의 귀향은 우리 역사상 처음 있는 일이다. 수필로서 마땅히 다뤄 보고 싶은 소재가 아닐 수 없을 것이다. 옛날에는 벼슬에서 물러나면 누구나 다 고향으로 돌아가서 후학을 양성하는 게 예사였다. 그런데 지금은 귀향은커녕 오히려 시골에서 시장이나 군수를 지낸 사람들마저도 고향을 떠나 서울로 가는 세상이다. 그런데 전직 대통령이 퇴임하자마자 고향으로 돌아갔으니 얼마나 아름다운 귀향인가.

날마다 전국 방방곡곡에서 수천 명의 관광객들이 노무현 대통령을 만나려고 그의 고향인 경남 김해시 진양읍 봉하마을을 찾는다지 않던가? 산골 마을이 새로운 관광지로 탈바꿈하고 있다. 노무현 전 대통령의 귀향에 초점을 맞추어 그 느낌을 진솔하게 잘 그린 기행 수필이라고 하겠다. 노무현 전 대통령에게 '행복 전도사'란 호칭을 붙여 주어 독자의 눈길을 붙잡는다.

> "장미꽃 감상도 좋지만 그 나무를 심고 가꾸는 사람들에게 감사하세요."
>
> '마음꽃'이란 작품의 서두다. 빨간 장미가 흐드러지게 피던 오월의 어느 이른 아침에 전주 서신공원에서 쓰레기를 줍던 할머니가, 해맑게 웃으며 장미꽃을 따서 장난치는 여고생들에게 하신 말씀이다. 잘못을 꾸중보다 사랑으로 감싸 안는 그분에게서 장미꽃보다 더 아름다운 마음꽃을 발견했다.
>
> 좋은 생각을 갖고 남을 위해 봉사하는 근면한 생활습관도 행복의 열쇠라는 것을 할머니로부터 배웠다.
>
> ―「마음꽃」 중에서

행복은 감사에서 나오고 불행은 비교에서 나온다는 깨달음도 화자가 아내와 더불어 아침 산책을 하며 장미꽃을 구경하다 얻은 귀한 교훈이다. 화자는 언제 어디서나 오감五感을 열어 놓고 수필감을 찾는 데 익숙하다.

조선시대의 독보적인 성의학전문서로 알려진 『성기보감』이 국립박물관에서 발견됨으로써 고개 숙인 남성의 희소식인 비아그라의 처방기술이 우리고유의 명약에서 유래했다는 줄거리다.

> 『성기보감』은 조선시대 중기 비뇨기분야의 민간처방을 집대성한 책으로 『동의보감』과 쌍벽을 이루는 저서였으나, 안타깝게도 전란 중에 소실된 것으로 전해온다.
>
> 그 책은 부부관계가 부실한 경우에 가장 효과적인 처방책으로 태백산 깊은 계곡에서 겨울잠에 들어가기 직전의 백사白蛇를 잡아 69가지 약재와 함께 3일간 탕을 달여 남자에게 복용하도록 하였다. 그리곤 신비의 그 명약을 '배암고아'로 명명했다. 그런데 민간에서는 한 번 복용하면 7일 동안 '거시기'가 오그라들지 않는다고 하여 속칭 '비非오그라'라 했으니 그것이 바로 '비아그라'의 효시였다. '배암고아'는 평민들뿐만 아니라, 사대부 안방마님에게도 폭발적인 인기를 얻었고, 급기야 뱀 시세가 상평통보 2백 냥을 호가하여 뱀 사재기가 성행하였다고 한다. 또 한양 성내에는 가가호호 뱀을 달이는 약탕냄새가 진동했다는 웃지 못할 이야기가 전해 온다.
>
> ―「배암고아, 비오그라, 그리고 비아그라」 중에서

수필의 맛과 멋을 느낄 수 있는 작품이다. 우선 제목부터 독자의 시선을 끌 만하고 내용 역시 가가대소하면서 읽어가게 마련이다. 아무나 다룰 수 없는 희한한 소재다. 이런 수필은 무엇보다도 재미가 있으니 독자들이 좋아하게 마련이다.

제목을 이렇게 뽑으면 독자들은 호기심과 궁금증을 갖고 읽지 않을 수 없을 것이다. 서두 역시 일부 연예인들이 경쟁적으로 누드집을 낸다는 이야기로 미끼를 던져 독자들이 책을 덮지 못하도록 장치를 한다. 그런 뒤 보신탕을 먹다가 누드쇼를 벌인다는 이야기로 독자의 눈길을 끌어당긴다. 그런 다음 세 가지 이야기를 병렬식으로 이어서 수필을 완성했다.

> 여름철 시냇가에서 개를 잡으려고 태우다 그 개가 벌떡 일어나는 바람에 놀란 Y가 개를 삶으려고 물을 데워 둔 솥에 빠졌다. 그래서 뜨거우니 옷을 활활 벗고 많은 피서객들이 보는 앞에서 누드쇼를 벌인 이야기다. 또 보신탕집에서 뜨거운 탕을 들고 온 아주머니의 가슴에 손을 넣으니 놀란 아주머니가 넘어지면서 국물을 그 남자의 거시기에 엎지르자 그 사내는 뜨거워서 옷을 벗어던지며 누드쇼를 벌인 이야기가 뒤를 잇는다. 그리고 룸살롱이나 가요주점에만 가면 여성종업원들에게 나체 춤을 추도록 하는 H의 씻을 수 없는 실수담들을 소개하고 있다.
>
> 여성들을 성 노리개로 삼는 남자들도 문제지만 성매매를 유발하는 유흥업소나 님성을 유혹하는 여성들도 자성해야 할 일이다. 부적절한 남녀관계로 은밀한 곳에서 누드쇼를 벌이는 것에 비하면 여름철에 보신탕으로 몸보신하다가 벌이는 서민들의 행위예술이 얼마나 애교스러운가.
>
> —「누드 단상」 중에서

성매매나 부적절한 남녀관계에 대해서는 따끔한 일침을 가하기도 하면서 여름철 보신탕으로 몸보신하려다 일어난 서민들의 행위예술을 애교로 보아 주는 화자의 마음씨가 참으로 곱기도 하다. 수필가 김정길은 어떤 소재든 맛깔스럽게 요리하여 먹음직스러운 수필을 빚을 줄 아는 작가다. 앞날이 기대되는 수필가 중 한 사람이다.

3. 수필가 김정길의 양양한 미래

수필가 김정길의 제2수필집 『지구를 누비는 남자』은 모두 61편의 수필을 6부로 나누었다. 그런데 제1부 12편의 수필을 제외하면 모두가 외국기행수필이다. 2부는 동유럽 5개국을 소재로 한 11편을, 3부는 중국기행수필 14편을, 4부는 동남아 6개국에서 건진 10편을, 5부는 러시아 기행수필 6편을, 6부는 고구려의 옛 고토故土를 둘러보고 쓴 기행수필 8편으로 꾸며졌다. 이번 수필집은 기행수필집이라고 보아야 할 것 같다.

마당을 마음대로 누비며 먹이를 주어먹은 암탉이 건강한 계란을 낳듯 김정길 수필가는 세계를 누비며 견문을 넓혀 글감을 찾았고 그 글감으로 수필을 빚었다. 그러니 독자들은 여행비도 들이지 않고 가만히 앉아서 세계여행을 할 기회를 얻은 셈이다.

김정길 수필가는 수필가로 등단한 이래 게으름 피우지 않고 꾸준히 수필창작에 매진하여 3년 터울로 수필집을 발간하고 있어서 아주 믿음직하고 앞으로 그의 활동에 기대가 크다. 앞으로는 문단활동도 더 폭넓게 하고, 작품 발표 지면도 스스로 확대해 나가는 적극적이고 공격적인 자기 마케팅을 할 줄 아는 자세를 가지라고 권하고 싶다. 수필가로서 김정길은 이제 전북을 벗어나 전국으로 활동 영역을 넓혀 나가야 한다. 우물 안 개구리 신세를 벗어나야 하기 때문이다. 작가의 잉크는 순교자의 피보다도 더 신성하다고 하였다. 곰곰 음미해 보고 언제나 그런 자세로 수필을 빚어주기 바란다.

지구를 누비는 남자

인 쇄 / 2008년 8월 20일
발 행 / 2008년 8월 25일

지은이 / 김 정 길
발행인 / 서 정 환
발행처 / 수필과비평사

출판등록 / 1984년 8월 17일 제28호
주 소 / 서울시 종로구 익선동 30-6
운현신화타워 빌딩 2층 209호
전 화 / (02) 3675-5633, (063) 275-4000
팩 스 / (063) 274-3131
E-mail / essay321@hanmail.net

값 10,000원

ISBN 978-89-5925-469-9 03810